우리 역사문화의 갈래를 찾아서
지리산문화권

역사공간

우리 역사문화의 갈래를 찾아서 지리산문화권

2004년 8월 10일 초판 1쇄
2012년 9월 14일 초판 3쇄

글쓴이	국민대학교 국사학과
펴낸이	주혜숙
펴낸곳	역사공간
	서울시 마포구 서교동 463-31 플러스빌딩 5층
	전화: 02-725-8806~7, 팩스: 02-725-8801
등록일	2003년 7월 22일
등록번호	제6-510호

ISBN 978-89-90848-11-6 03980

* 잘못된 책은 바꿔 드립니다.

가격 17,000원

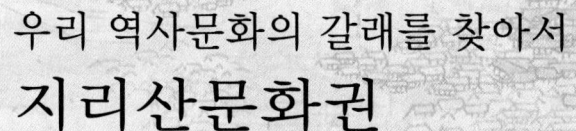

우리 역사문화의 갈래를 찾아서
지리산문화권

역사공간

책머리에

　국민대학교 국사학과는 ≪안동문화권≫·≪경주문화권≫에 이어 세 번째 역사문화유적총서로서 ≪지리산문화권≫을 출간하게 되었다.
　국사학과에서 문화권별로 역사문화유적총서를 간행하는 것은 지역사의 통사적 재구성을 통해 한국사의 실상을 복원하는 데 그 목표를 두고 있다. 이러한 관점에서 국사학과는 일단 조사가 가능한 남한지역을 10개 문화권으로 설정하고, 각 문화권의 역사적 성격을 통사적 안목에서 재구성해 나가고 있다.
　국사학과는 이 책을 만들어가면서 다시 한 번 역사문화의 권역으로서 문화권의 중요성을 깨달았다. 문화권은 행정 구역상의 구분과 달리 오랜 역사와 전통 속에서 통혼권·생활권·학맥 등이 어우러져 형성된 역사문화의 공간을 가리킨다. 한국사에서 문화권은 대체로 강이나 분지 등의 지리적 조건에 의해 구획되는 것이 일반적인데 비해, '지리산문화권'은 산을 중심으로 문화권을 설정한 점에서 특징을 이루고 있다. 산은 강이나 평지에 비해 교통이 불편하고, 사람이 적게 살기 때문에 생활권의 폭이 좁다고 보아야 할 것이다. 때문에 산은 통로나 연결의 의미보다는 장벽이나 단절의 의미가 짙을 수 있다. 더욱이 지리적으로 영·호남 한 가운데 위치한 지리산은 영·호남의 원심력에 의해 자칫 역사문화의 구심으로 설정하기 어려운 점도 지니고 있는 것이 사실이다.

그럼에도 '지리산문화권'을 설정한 것은 이 지역의 역사 흐름을 살필 때 지리산은 그 주요 무대가 되었으며, 이를 바탕으로 주변 지역의 구심으로 작용하고 있었기 때문이다. 고유신앙과 불교문화가 영·호남을 아우르며 지리산에서 융합·발전되었을 뿐 아니라, 왜적의 침입과 근현대 변혁운동의 흐름에서 지리산은 민족저항과 개혁의 구심점으로서 영·호남을 포괄했다. 또한 조선시대 진주 등 영남에서 발흥한 남명학파가 섬진강을 따라 순천·남원 등지까지 학맥을 확대해 갔던 사실에서도 지리산 주변지역의 문화적 동질성을 찾을 수 있었다. 고대부터 현대에 이르기까지 수많은 역사를 간직하고 있는 '지리산문화권'은 한마디로 한국사상의 산실이자 보고였으며, 저항과 혁신의 보루였다고 말할 수 있을 것이다.

이 책은 그러한 '지리산문화권'의 역사문화를 크게 총설과 2부로 구성해 보았다. 총설은 지리산문화권의 역사지리적 성격을 살피고 있으며, 1부와 2부는 지리산문화권을 크게 섬진강·남원문화권과 남강·진주문화권으로 나누어 그 역사적 흐름을 추적하고 있다.

그리고 집필진은 지리산의 유물·유적들을 개별적으로 이해하는 것에 머물지 않고, 역사의 큰 틀에서 접근해 보려고 노력하였다.

이 책이 나오기까지는 여러 사람과 기관의 노력과 도움이 따랐다. 답사 수업과 현장 조사 과정에서 국사학과 학부생과 대학원생은 기초 자료를 조사하였으며, 장석홍 교수와 여성구·이근호·장일규 박사는 집필을 담당하였다. 그리고 국사학과 교수 일곱분이 감수를 맡았다.

이 책을 준비하면서 집필진은 역사 현장을 일일이 조사하였으며, 대학원생 차진호는 역사 현장과 유적을 사진으로 담는 데 힘을 쏟았다. 또한 지리산문화권 내 각 시·군청과 현지 연구자들의 도움도 컸다. 국민대학교는 역사문화유적총서 간행에 필요한 재정 지원 및 특별연구원 배치 등 물심양면으로 성원해 주었다. 아울러 역사공간은 이 책을 온갖 정성으로 꾸며 주었다. 이 자리를 빌어 도움을 주신 모든 기관과 연구자들에게 깊은 감사의 뜻을 전하고 싶다.

2004년 8월
국사학과 주임교수 조용욱

일러두기

1. 국민대학교 국사학과는 우리 역사문화의 갈래를 10개의 문화권으로 구획하여 역사문화유적총서를 간행하고 있다. 이 책은 ≪안동문화권≫·≪경주문화권≫에 이어 세 번째로 발간한 결과물이다.

2. 각 부에는 소문화권의 역사지리적 조건과 특징을 간단히 정리하여 제시하였다. 유적·유물은 단순히 나열하지 않고 통사적 체계에 의해 주제별 서술에 포함시켜 이해하고자 하였다.

3. 본문 내용의 이해를 돕기 위해 역사 유적의 유래와 인물의 시 등을 간추려 본문에 적절히 배치하였다. 또한 어려운 역사 용어나 불교 관련 용어들도 가능한 본문에 설명을 달아 이해를 쉽게 하였다.

4. 이 책에서는 현장감을 높이기 위해 다양한 사진을 사용하였고, 역사적 사건을 그림이나 도표로 작성하여 쉽게 이해할 수 있도록 하였다. 사진은 국사학과 구성원들이 직접 촬영하였지만, 부득이 한 경우 각 시·군청에서 제공한 도판 자료와 함께 선행 연구에서 활용된 사진 및 지도를 이용한 것도 있다.

차 례

지리산문화권의 **역사지리적 성격**

책머리에

일러두기

지리산문화권은 어떻게 형성되었는가 20

산과 강이 어우러진, 사회경제적 기반 25

고유신앙과 불교사상을 융합한 한국사상의 산실 31

지리산을 배경으로 성장한 호족세력 34

불교의 혁신과 팔만대장경, 불교문화의 보고 35

실천을 강조한 남명학파의 본산 37

변혁과 개혁, 민족운동의 보루 39

영·호남의 구심, 지리산문화권의 특징 41

6백리 물길따라 남해로 흘러드는 섬진강 · 남원문화권

교종과 선종을 융합한 불교사상의 산실

신라 교종불교의 기둥, 화엄사　48
연기조사가 세운 화엄사 / 화엄사의 자취와 문화재
비구들이여 / 청나라 황제와 관련된 각황전의 유래 / 지리산록의 사찰들

화엄사상을 아우른 선종사찰, 실상사　62
홍척선사가 세운 실상사 / 실상사의 자취와 문화재

교종의 유식사상을 아우른 선종사찰, 태안사　67
혜철선사가 세운 태안사 / 태안사의 자취와 문화재

풍수지리사상을 낳게 한 옥룡사와 도선　71

고려의 지배세력과 불교 혁신

섬진강 일대의 호족 박영규와 신숭겸　74
견훤의 사위, 박영규 / 왕건의 최측근, 신숭겸 / 후백제 분열과 박영규의 고려행

천태종과 조계종을 탄생시킨 선암사와 송광사　80
천태종을 세운 의천과 선암사 / 조계종을 일으킨 지눌과 송광사 / 교선일치를 재정립한 고려 불교

고려 말 왜구를 격퇴한 황산대첩　89
왜구의 출현 / 일본 막부정권과 왜구의 형성 / 이성계와 황산대첩

임진왜란의 격전지와 자취

남원성 전투와 만인의총　95
정유재란의 발발 / 남원성 전투와 만인의총

일본이 쌓은 순천의 왜교성　99
일본군의 왜성 축성 / 순천 왜교성 전투

조선 후기 서민문화와 전통가옥

광한루와 춘향전　103
춘향전의 무대 광한루 / 국문소설의 유행과 춘향전

동편제 판소리의 성립과 계승　107
서민층의 성장과 판소리의 대두 / 판소리의 분화와 동편제

구례 운조루와 오미동 유씨가의 정착　111
택리지에서 극찬한 구례 구만과 운조루 / 유씨의 구례 정착과 운조루 창건

근현대 변혁의 근거지, 지리산

1869년 광양의 농민항쟁　116
동학농민전쟁과 남원의 김개남 농민부대　120
　김개남의 남원 진출 / 운봉전투
영호남을 누빈 영호대접주 김인배와 순천·광양농민군　124
　농민군의 청년장군, 김인배 / 순천 농민군의 영남 진출
지리산을 무대로 활약한 김동신의병부대　130
　대한창의대장 김동신 / 지리산을 누빈 김동신의병부대
지리산을 타고 넘은 고광순의병부대와 연곡사　133
　창평 출신의 고광순의병장 / 연곡사에서 최후를 마친 고광순의병장
호남의병의 장기항전기지, 지리산　139
일제의 사찰령과 선암사·화엄사　142
　30본산의 하나, 선암사 / 선암사·화엄사의 본산 다툼 / 31본산제의 시행
해방 후 여순사건과 지리산 빨치산　147
　여순사건의 발발 / 지리산 빨치산의 자취

지리산을 감싸며 경상우도를 가로지르는 남강·진주문화권

지리산의 성모신앙과 불교사상의 발전

산신신앙의 상징, 천왕봉 성모사와 노고단 남악사　156
신라 최초의 북종선 사찰, 단속사　161
　신행이 창건한 단속사 / 단속사에 남겨진 발자취
지리산의 남종선 사찰, 쌍계사　168
　쌍계사를 세운 혜소 / 쌍계사의 자취와 문화재
최치원을 기려 이름한 학사루　175
　최치원의 삶 / 학사루와 천령태수 최치원
　지리산을 노래한 최치원의 시

고려시대 지배세력과 문화의 혁신

중국과 외교를 펼친 강주호족 왕봉규　182
　신라 9주의 하나, 강주와 왕봉규 / 왕봉규의 대중국외교
고려대장경을 판각한 남해분사도감　186
　대장경의 수입과 제작 / 고려대장경 내용과 판각
문익점이 처음 목화를 재배한 단성의 시배지　190
　목화시배지와 문익점 / 목면 보급과 의복의 발달

조선시대 사림과 남명학파

도학의 선구, 정여창과 남계서원 194
정여창의 삶 / 정여창을 배향한 남계서원

실천을 중시한 조선의 큰 선비, 남명 조식 199
남명의 처사적 삶 / 실천을 강조한 사상가 / 다양한 사상과 학문을 수용한 남명

남명 조식의 지리산 산행과 〈유두류록〉 205
열 두 차례의 지리산 산행 / 〈유두류록〉과 남명

남명학파의 문인들 211
남명학파의 형성 / 남명 문인의 의병활동 / 퇴계학맥으로 이탈 / 남명을 계승한 강우지역의 학맥

남명 문인, 정온과 거창 초계정씨 종택 220
강동마을의 초계정씨 / 무신란과 정희량

임진왜란의 전황과 승전

일본군의 호남침략을 저지한 진주성 전투 224
임진왜란 3대 대첩의 하나, 제1차 진주성 전투 / 일본군의 퇴각과 제2차 진주성 전투
임진왜란 전문 박물관, 국립진주박물관

임진왜란을 종식시킨 이순신의 노량해전 230
정유재란 발발과 조선 수군의 동향 / 명량해전과 노량해전

조선 후기 봉건체제의 붕괴와 농민항쟁

진주농민항쟁의 불씨를 피운 단성의 농민항쟁　235
근대 농민운동의 시발, 1862년 진주농민항쟁　239
　수취제도의 문란 / 환곡의 폐단과 진주 / 진주농민항쟁의 발발
이필제가 주도한 1870년 지리산 덕산의 농민항쟁　247

근대 민족운동의 발화와 다양한 갈래

호남과 연대한 하동·진주일대의 동학농민전쟁　251
　영·호남 농민군의 조직적 연계 / 하동과 광양의 농민전쟁
　섬진강 이름의 유래
동학농민군을 도운 경상우병사 민준호　258
진주의병부대와 노응규의병장　260
명나라 후예 석상룡의 지리산의병부대　265
진주의 3·1운동　269
유학의 근대적 변용과 곽종석의 독립운동　272
　학파를 넘나든 유학자 곽종석 / 한국유학을 결산 / 파리장서 대표로 참여하다
형평운동의 총본산, 진주　279
　백정의 인권을 위한 운동 / 형평운동의 변천

지리산문화권 답사와 노정　284

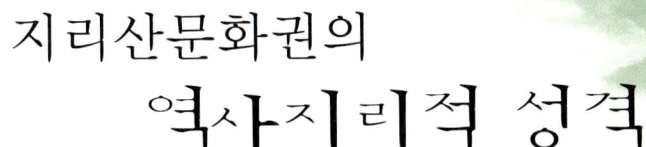

지리산문화권의
역사지리적 성격

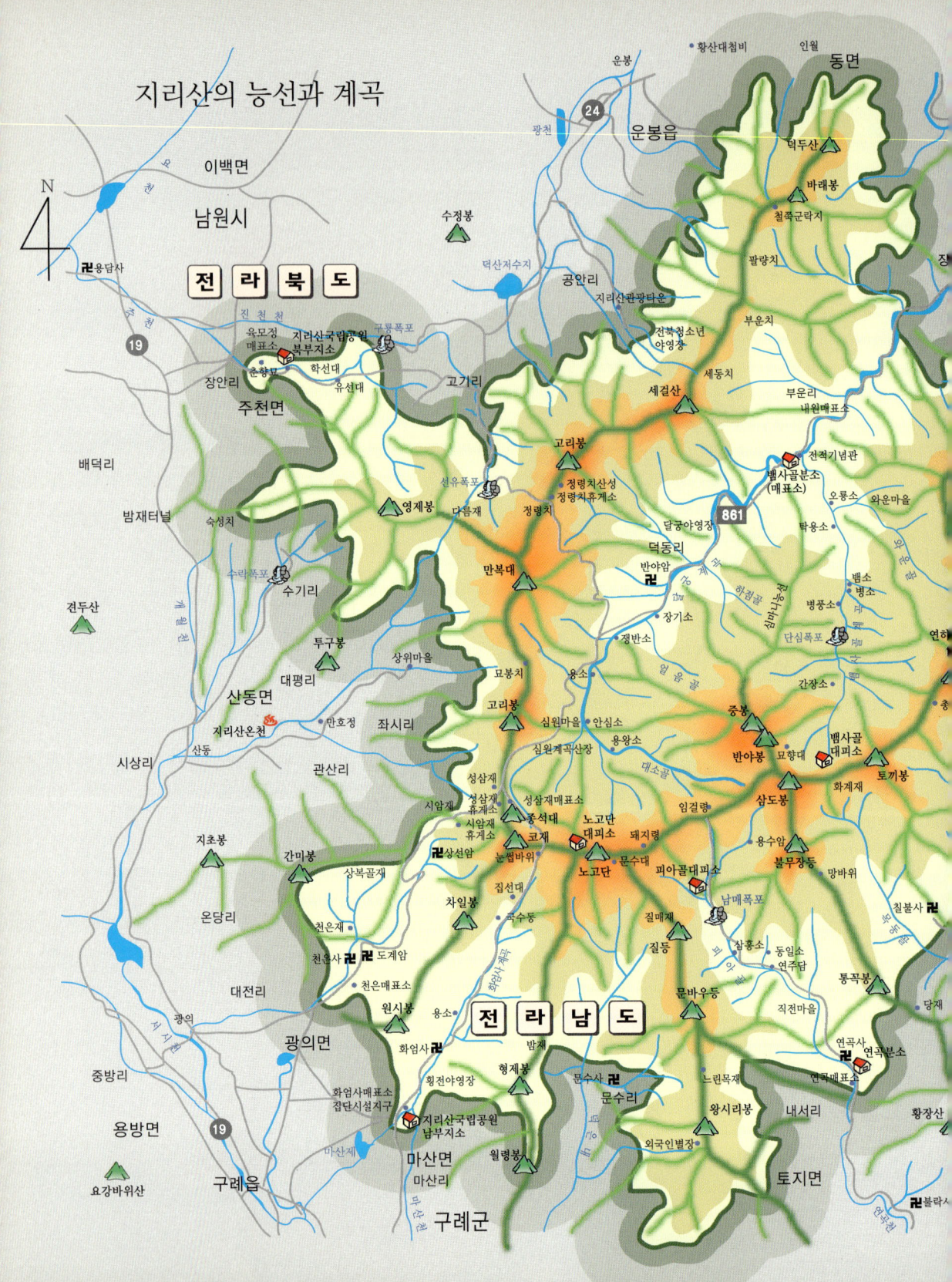

지리산문화권은 어떻게 형성되었는가

 지리산(智異山)은 두류산(頭流山) 또는 방장산(方丈山)이라고도 불린다. 어리석은 사람이 머물면 지혜롭게 된다고 해서 지리산이라 하였으며, 백두대간의 주맥이 한반도를 타고 이곳까지 이어졌다고 하여 두류산이라고도 불렸다. 그리고 도교의 삼신산(三神山) 가운데 하나인 방장산으로 지칭하기도 하였다.

 지리산은 험준한 산세를 이루는 가운데 전라남·북도와 경상남도에 걸쳐 웅장하게 자리하고 있다. 산의 서쪽에는 섬진강과 보성강이 휘돌아 남원에서 남해로 나가고, 동쪽으로는 남강과 경호강이 휘어져 함양에서 진주를 거쳐 낙동강으로 흘러간다. 지리산을 둘러싼 이들 강은 동서 교통 및 문화교류의 활로가 되었다. 우리가 지리산을 이야기할 때 섬진강과 남강을 빼놓을 수 없는 것은 그런 이유때문이다. 이들 강이 사람과 물산의 통로였다면, 지리산의 웅혼한 품은 사상과 기맥을 키워간 터전이었다.

민족의 어머니산, 지리산의 봉우리와 능선

　지리산은 고유신앙인 성모신앙과 산신신앙을 잉태한 산이었다. 신라의 시조 박혁거세를 낳은 어머니의 산이었으며, 고유의 신선사상을 낳은 산이었다. 고대 불교가 수용되면서 이들 고유신앙과 융화하며 지리산은 불교사상을 꽃피워 나갔다. 8세기경 화엄도량인 화엄사가 자리잡은 뒤에 9세기에는 교종불교의 바탕 위에서 선종불교의 실상산문과 동리산문이 일어났으며, 12세기 전후에는 고려 불교의 정수인 천태종과 조계종이 모두 지리산에서 생겨났다. 지리산은 교종불교와 선종불교가 융합한 산실이었으며, 고려시대 불교사상이 혁신하는 모태가 되었던 것이다.
　고유신앙과 불교사상을 포용해 간 지리산은 16세기 유학자 남명

노고단에서 바라본 구례 일대

조식에 이르러 사상의 폭을 더욱 넓혀 나갔다. 남명은 지리산에 면면히 전승되어 온 불교사상까지 아우르면서 '경의(敬義)'를 강조하는 실천적 유학사상을 성립하였다. 지리산을 누구보다 경외했던 남명은 그 속에서 자신의 사상을 완성시켜 갔던 것이다. 남명이 강조한 실천성은 그의 문인들에 의해 계승되면서 남명학파의 사상적 특징으로 발전해 갔다. 지리산 동부지역의 덕산과 진주 등지에 기반을 둔 남명학파는 섬진강을 따라 호남의 순천·남원까지 진출하였으니, 이는 지리산을 중심으로 한 문화환경의 동질성을 말해주고 있다.

　지리산은 외침과 변혁의 시기를 맞이해서는 민족수호의 버팀목이 되었다. 고려 말 왜구가 침입했을 때나 조선시대 임진왜란 때, 지리산은 영남에서 호남으로 진출하기 위해서는 반드시 통과해야 할 관문이었다. 전략적 요충지인 지리산에서 이성계가 황산대첩을 거두었으며, 임진왜란 때 의병과 관군은 진주대첩을 일구어냈다. 그런가 하면 근대 변혁기에 지리산은 농민항쟁과 동학농민전쟁, 의병전쟁의 주요 무대가 되면서 변혁의 근거지로 부상하였다. 이 과정에서 영·호남은 지리산을 공유하면서 운명공동체로 발전해 갔다.

전통사회에서 문화권이라 하면, 대체로 생활권·학맥·법맥·통혼권 등으로 형성된 지역적 공간을 말한다. 이러한 문화권은 지리적 조건과 함께 역사의 흐름속에서 이루어지는 것이 일반적이다. 지리산 자락을 바탕으로 종교와 사상이 발전해 갔던 점이나, 외침과 변혁의 시기에 영·호남이 지리산을 중심으로 굳게 연대했던 점을 감안할 때, 지리산을 둘러싼 영·호남의 주변 지역은 지리산의 구심력에 의해 동질의 문화권을 형성했다고 볼 수 있다.

문화권은 자연지리적 조건과도 밀접한 관계를 이룬다. 한반도의 지형으로 볼 때, 하천이 발달한 서부는 한강·금강·영산강 등 강을 중심으로 문화권을 이루었으며, 산지와 분지가 발달한 동부는 안동·경주 등 분지를 중심으로 문화권을 형성하고 있다. 그런 점에서 보면, 한반도 남부의 중앙에 위치한 지리산문화권은 지리산과 이를 감싸고 있는 섬진강·남강 일대를 중심으로 이루어졌다고 할 수 있다.

지리산문화권은 지역적으로 크게 서쪽의 섬진강·남원문화권, 동쪽의 남강·진주문화권 등으로 구분해 볼 수 있다. 서쪽의 섬진강·남원문화권은 남원·곡성·구례·광양·순천 등지를, 동쪽의 남강·진주문화권은 진주·하동·산청·함양 등지를 아우른다. 다만 시대 변천에 따라 문화권의 지역 범위도 유동적이기 때문에, 경

지리산을 감싸고 흐르는 섬진강의 강줄기와 남해 전경

우에 따라 동쪽에 거창과 사천·남해, 서쪽에 장수·여수 등을 포괄하기도 한다.

 두 문화권은 지리산문화권 내 각기 소문화권을 이루고 있으며, 이들 소문화권은 동질성과 차별성을 함께 지니고 있다. 이들 지역은 지리산의 구심력에 의해 문화적 동질성을 짙게 지니고 있으나, 지리산문화권의 권역이 광대한 만큼 지역에 따른 향토색의 차이는 자연스러운 현상으로 보아야 할 것이다.

산과 강이 어우러진, 사회경제적 기반

 지리산은 천왕봉을 중심으로 주능선이 동북에서 서남으로 이어지며 웅장한 산세를 이루고 있다. 능선 사이로는 피아골·뱀사골·백무동계곡·칠선계곡·연곡골·대성골 등 수많은 계곡이 자리하면서 지리산의 깊이를 더하고 있다. 또한 지리산에서 발원한 수많은

남강과 진주시 전경

작은 하천들은 남강이나 섬진강을 이루어 낙동강과 남해로 흘러들어 간다.

지리산은 험준한 산령으로 이루어졌지만, 주변에는 일찍부터 동서의 영·호남을 연결하는 통로가 발달하였다. 지리산의 북쪽과 남쪽에는 영·호남을 연결하는 관문과 장시가 발달했으며, 준령 사이에 나 있는 벽소령·쑥밭재·걸등재 등의 산길을 통해서도 사람과 사상이 교류하였다.

안음의 황석산성, 진안의 웅치, 운봉의 팔량치, 구례의 석주관 등은 영·호남을 잇는 4대 관문이었다. 이들 관문은 동서를 연결하는 가교역할을 담당했다. 특히 남쪽의 석주관과 북쪽의 팔량치는 고대부터 중요한 교통로이자 전략적 요충지로 주목받았다. 황석산성은 신라가 가야를 멸망시킨 후 백제와 맞서면서 축조한 것으로 알려져 있고, 팔량치 넘어 남원의 교룡산성은 백제가 신라를 막기 위해 세웠다고 한다. 고려 말 왜구가 경상도에서 전라도를 침공할 때에도 운봉을 넘으려다가, 황산에서 이성계에 크게 패한 일이 있었다. 임진왜란 당시에도 일본군이 호남을 침략하기 위해서는 반드시 이들 지역을 넘어야 했다. 그 과정에서 벌어진 전투가 진주대첩과 남원성전투·구례 석주관전투이다. 한말에도 영남으로 진격하려는 호남의 동학농민군이 북쪽에서는 운봉을 사이에 두고 민보군과 치열한 전투를 벌였고, 남쪽에서는 광양·순천의 농민군이 하동과 진주로 나아가 영·호남연합농민군을 구성하기도 하였다.

지리산에는 주변의 관문뿐 아니라 계곡과 준령 사이로도 산길이 열려 있었다. 고유신앙과 불교사상이 융합하고, 교종불교와 선종불교가 공존하면서 불교사상이 성숙할 수 있었던 것은 산길을 통한 교류가 있었기에 가능하였다. 한말 의병이 지리산을 무대로 남원과 함

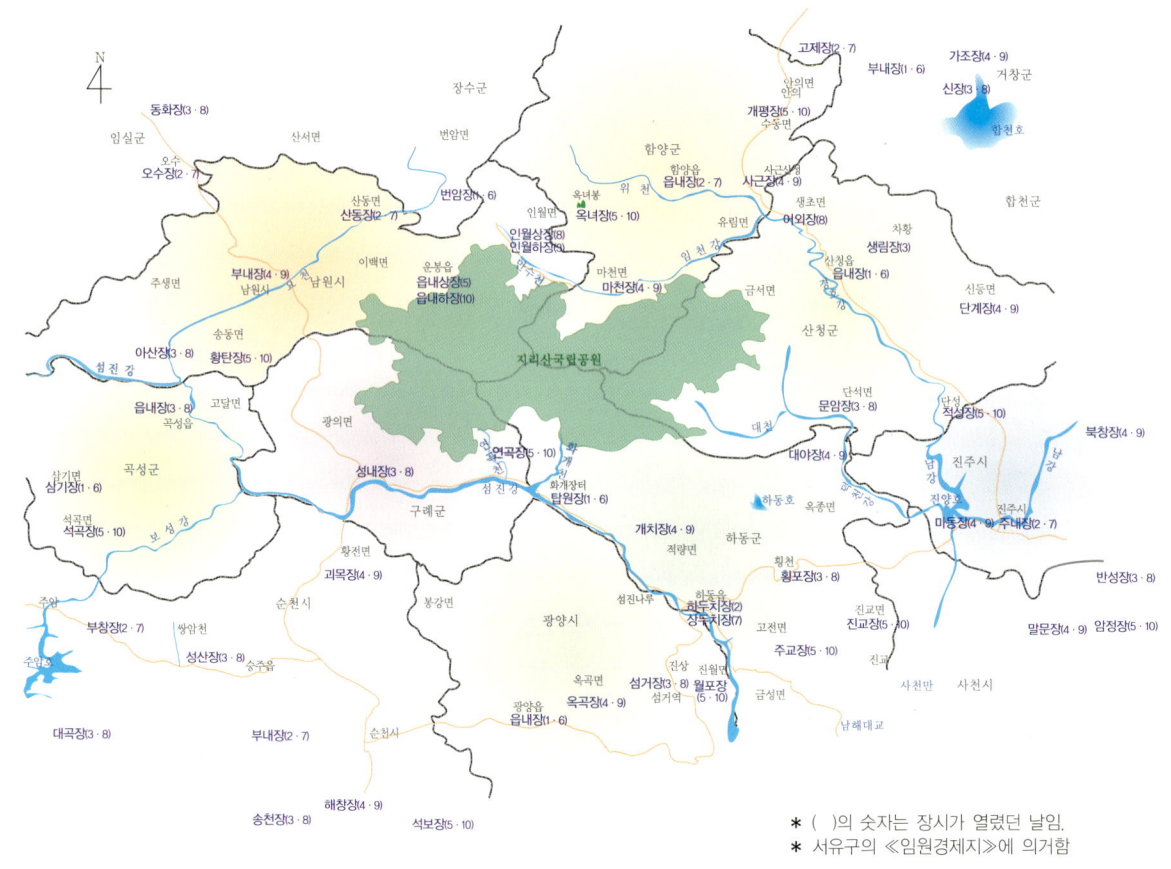

지리산 일대의 장시와 장날

* ( )의 숫자는 장시가 열렸던 날임.
* 서유구의 《임원경제지》에 의거함

양, 광양과 하동을 넘나들었던 것도 그 길을 따라서였다. 현대사에서 빨치산들도 역시 그 길을 누볐다. 영남과 호남은 그렇게 지리산의 산길을 통해서도 연결되고 있었다.

지리산문화권 내의 각 지역은 육로뿐 아니라 물길을 통해서도 교류하였다. 섬진강과 남강의 수운은 지리산 주변의 사람과 물산의 교류와 유통에 중요한 기능을 담당하였다. 진안의 팔공산에서 발원한 섬진강은 남원의 요천, 곡성의 보성강, 하동의 악양천 등을 아우르면서 광양만으로 흘러가고, 연안 곳곳에 나루가 발달하여 사람들의

지금도 물산 교류가 활발한 화개장터

왕래가 잦았다. 남강은 함양의 임천강, 산청의 경호강, 단성의 덕천강 등과 진주부근에서 합류하여 낙동강으로 흘러간다. 이 수운은 지리산 동부지역의 교통과 물산교류를 담당하는 젓줄이었다.

때문에 이들 지역에는 일찍부터 장시가 발달하였다. 주로 섬진강·남강 유역의 포구를 중심으로 장시가 열리며 사회경제적으로 교류가 활발하였다. 실학자 서유구가 19세기에 지은 ≪임원경제지≫에 따르면, 지리산문화권 일대에서 성행한 장시만도 50여 개에 달했다.

섬진강 일대에는 운봉의 읍내상장·읍내하장·인월상장·인월하장, 남원의 부내장·번암장·오수장·황탄장·아산장·동화장·산동장, 곡성의 읍내장·석곡장·삼기장, 구례의 성내장·연곡장, 하동의 하두치장·상두치장·탑원장(화개장)·개치장·주교장·진교장·횡포장, 광양의 읍내장·옥곡장·섬거장·월포장 등 수많은 장

지리산문화권의 역사지리적 성격 ……… 29

시가 성행하였다.

남강 일대에는 함양의 읍내장·사근장·마천장·옥녀장·개평장, 산청의 읍내장·생림장·어외장, 단성의 적성장·단계장, 진주의 주내장·반성장·암정장·말문장·마동장·대야장·문암장·북창장 등의 장시가 성행하였다.

이 가운데 지리산 북부의 인월장과 남부의 하동장은 영·호남 교류의 중심지였다. 팔량치 아래의 인월장은 산간 벽지에 위치하지만, 한때 삼천포와 여수 앞바다에서 잡힌 어물들이 남강과 섬진강을 통해 함양·남원을 거쳐 유통될만큼 상권이 발달하였다. 인월장을 중심으로 한 상권은 남원의 운봉과 함양의 마천 등지에 걸쳐 폭넓게 형성되면서 지리산 북부지역 물산교류의 핵심이 되었다.

지리산 남부의 하동장은 섬진강과 광양만을 통하여 광양의 섬거·옥곡, 그리고 사천·남해 등지와 연결되는 폭넓은 상권을 형성하였다. 근래 각광받는 화개장은 하동상권에 포함되었다. 지리산 길목에 위치한 화개장은 벽소령을 따라 인월장과도 연결되었으며, 영·호남의 물산이 집중하면서 상권의 중심지가 되었다. 때문에 이곳은 일제의 침탈이 심했으며, 그로 인하여 동학농민군과 의병의 주요 공격 대상이 되기도 하였다.

지리산은 높고 험하지만 화전민도 천석(千石)을 한다고 할 정도로 그 골이 넓고 깊었다. 때문에 지리산 사람들의 살림살이는 자급자족이 가능할 정도로 풍족하였다. 19세기 실학자 이중환이 ≪택리지≫에서 "중이나 세속 사람들이 대를 꺾고 감과 밤을 주워서, 수고하지 않아도 생계 꾸리기가 족하며, 농부와 장인들이 또한 많이 노력하지 않아도 충족하다. 그래서 이 산에 사는 백성은 풍년·흉년을 모르므로 부유한 산이라 부른다"고 하듯이, 지리산의 물산은 넉넉하였다. ≪택리지≫에는 또한 "경상좌도는 땅이 모두 메마르고 백성이 가난하지만 우도는 기름지다. 전라좌도의 지리산 곁은 모두 기름지다"라고 기록하듯이, 지리산 주변의 토지는 동쪽의 영남지역이나 서쪽의 호남지역이나 모두 비옥하였다.

이렇듯 지리산문화권 내 지역은 비옥한 토지를 바탕으로 물산이 비교적 풍부한 편이었다. 그리고 남북의 관문과 산길을 비롯하여 섬진강·남강 등을 따라 발달한 수운과 장시 등으로 활발한 교류가 이루어지고 있었다. 또한 이들 관문과 산길, 수운 등은 영·호남 교류의 통로로 작용하면서 문화권 형성의 토대가 되었다.

고유신앙과 불교사상을 융합한 한국사상의 산실

2~3세기 경 지리산 일대는 마한세력의 지배권에 있었다. 그러다가 고대국가가 완성되는 4~5세기 경 섬진강·남원 일대는 백제의 세력이, 남강·진주 일대는 가야세력이 진출하였다. 6세기 초 신라가 가야를 병합한 후 지리산은 신라와 백제가 쟁패하는 전략적 요충지가 되었다. 통일신라 때 남원에는 5소경의 하나인 남원경, 진주에는 9주의 하나인 강주(康州)가 설치되어 지방통치의 거점으로 발달하였다.

지리산은 고유신앙과 관련하여 일찍부터 숭배된 성산(聖山)이었다. 지리산은 신라 시조 박혁거세를 낳은 성모(聖母)의 산이었다. 지리산의 성모는 또한 고려 태조 왕건의 어머니인 위숙왕후로 상징되기도 하였다. 즉 지리산은 신라와 고려의 시조를 낳은 '어머니의 산'으로 숭배되었다. 지리산의 성모는 땅을 상징하는 지모신(地母

神)이었다. '어머니의 산'은 농경문화가 본격화되면서 만들어진 신앙으로, 만물을 생성하는 땅은 하늘과 더불어 신성한 숭배의 대상이었다. 때문에 지리산에는 고유신앙인 성모신앙(聖母信仰)이 크게 융성하였다.

불교 전래 이후 고유신앙은 크게 변질되었다. 성모와 산신신앙이 크게 약화되는 가운데 부처나 보살이 그 자리를 대체한 것이다. 성모신앙으로 상징되는 지리산의 고유신앙 역시 불교 전래와 함께 불교사상에 융합되어 갔다. 지리산의 불교 승려인 법우(法雨)화상이 '무당의 시조'로 이야기되는 설화는 지리산 고유신앙이 불교에 융합되어간 과정을 상징적으로 보여주고 있다. 토착적 고유신앙을 상징하는 석장승이 지리산 사찰의 입

실상사 입구 '상원주장군' 장승

구에 유독 많이 서있는 것 또한 그같은 사실을 대변하고 있다.

고유신앙을 품에 안은 지리산 불교문화는 이후 교종과 선종이 교류하는 바탕을 이루었다. 또한 그러한 기반 위에서 선종불교의 북종선과 남종선 계통의 사상이 함께 수용될 수 있었다.

구례의 화엄사는 부석사·해인사와 함께 우리나라의 화엄을 대표하는 화엄도량이다. 8세기경 화엄사는 그 영향력이 멀리 남원과 고부, 경주 등지까지 미쳤다. 당나라에서 북종선을 익힌 신행은 교종사찰인 산청의 단속사를 선종사찰로 전환시켜 갔으며, 단속사는

화엄사 사사자삼층석탑 앞 석등과 스님

교종불교를 지지한 신라 왕실과도 밀접한 관계를 이루어 나갔다.

9세기에 들어와서 남종선 계통의 사찰인 남원의 실상사, 곡성의 태안사, 하동의 쌍계사, 광양의 옥룡사 등이 세워졌다. 신라 말 선종의 9산문 가운데 홍척선사가 세운 실상산문(실상사)과 혜철선사가 세운 동리산문(태안사), 또 다른 선종산문으로서 혜소선사가 세운 쌍계사 등이 지리산에서 개창된 것이다. 이같은 선종의 수용 과정에서 주목되는 것은 기존의 교종과 대립하지 않고 오히려 교종의 사상과 이론을 발전시키면서 선종불교가 성장해 간 점이다.

9세기 말 유학자 최치원에 이르러, 지리산은 불교와 유교가 융합하는 전기를 맞이하였다. 쌍계사에 머물던 최치원은 교종과 선종을 아우른 불교사상에 깊은 관심을 기울였다. 그가 화엄종 승려인 의상과 법장의 전기를 쓰고, 쌍계사를 창건한 선종 승려 혜소의 비문을 지었던 것은 그와같은 사상적 융합에서 가능한 것이었다.

　고유신앙과 불교, 그리고 유교까지 아우른 지리산의 사상적 기반은 신라 말 풍수지리사상을 낳기에 이르렀다. 풍수지리사상은 도선이 곡성의 태안사와 광양의 옥룡사에 머물 때 만들어졌다. 태안사와 옥룡사는 동리산문의 선종사찰이었다. 때문에 풍수지리사상은 선종과 밀접한 관계를 가졌지만, 멀리는 고유신앙과 유식불교까지도 아우르고 있었다. 도선의 풍수지리사상은 나말여초 호족세력의 성립에 커다란 영향을 미쳤다. 풍수지리사상에서 볼 때 지리산이 명당이었음은 물론이고, 이를 배경으로 지리산 일대의 강주(진주)와 승주(순천)에는 호족세력이 등장하였다.

지리산을 배경으로 성장한 호족세력

　후삼국시기 지리산 일대는 후백제와 태봉, 고려와 후백제의 각축장이 되었다. 견훤과 궁예, 왕건은 자신의 세력을 강화하기 위해 이 지역의 호족세력과 결합하였다. 지리산 일대의 대표적 호족은 섬진강 유역의 승주호족 박영규와 남강 유역의 강주호족 왕봉규였다.

　당시 승주는 곡성·구례·순천·여수·광양·보성·고흥 등 지리산 서쪽지역의 중심지였다. 이 지역의 실력자 박영규는 후백제가 건국되자 견훤과 결합하여 최측근으로 활약하였다. 박영규는 견훤의 사위가 되었다. 승주는 순천만을 통한 바닷길이 열려 남해안과 서해안을 잇는 전략적 요충지였다. 왕건이 나주지역을 점령하여 후백제의 배후를 위협하자, 승주지역의 서남해안은 견훤세력이 해상권을 회복하는 데 없어서는 안될 전략적 요충으로 부상하였다. 섬진강을 지배하던 박영규는 곡성·화순 등지의 내륙지방과 해남·고흥·남해 등 남해안 일대의 교역을 담당하면서 큰 세력으로 성장하였다. 끝까지 견훤을 곁에서 지키던 박영규는 935년 견훤이 왕건에 귀부할 때 함께 고려로 갔다.

강주는 남강을 통해 지리산 동북부와 연결되고, 황강을 통해 낙동강에 나갈 수 있으며, 육로로 하동을 거쳐 호남과 연결되는 교차로에 위치해 있었다. 때문에 백제와 신라는 일찍부터 강주를 놓고 영역다툼을 치열하게 벌였다. 강주지역의 실력자 왕봉규는 남강을 지배하면서 독자적으로 중국의 후당과 통교할 정도로 커다란 세력을 형성하고 있었다. 이 지역에는 왕봉규 이외에도 강주장군으로 불리던 윤웅도 활동하였는데, 이들 강주호족은 대체로 친고려적 성향을 띠었다. 왕건이 낙동강에 진출하여 내륙으로 북상할 무렵 이들 강주호족은 왕건과 교류를 통하였다.

이처럼 후삼국시기 승주와 강주는 지리산 일대 남해안 제해권과 관련하여 왕건과 견훤의 쟁패지가 되었다. 그러다가 승주의 박영규가 견훤과 함께 고려에 귀부하면서, 이 지역은 고려의 세력권에 속하게 되었다.

불교의 혁신과 팔만대장경, 불교문화의 보고

고려 불교계는 선종과 함께 화엄종·법상종·천태종 등 교종불교가 번성하였다. 대각국사 의천은 화엄종의 입장에서 고려 불교계를 통합하려고 했으며, 교종불교와 선종불교를 융합하기 위해 교선

세계문화유산, 고려대장경 경판

일치를 주장하면서 천태종을 세웠다. 순천의 선암사는 11세기 말 대각국사가 천태종을 개창한 곳이다.

교종불교는 왕실의 외척이나 정치 주도세력인 문벌귀족의 뒷받침을 받으며 성장하였다. 그러나 1170년(의종 24) 정중부 등이 주도한 무신정권이 들어서면서 교종불교는 탄압을 받았다. 이로써 불교계의 중심은 중앙에서 지방으로 이동하였으며, 선수행(禪修行)을 강조하는 거사불교가 대두하였다. 이 무렵 선종불교에서는 '깨끗한 부처의 나라로 가기를 염원하는' 정토신앙이 대두하였으며, 이를 위한 신앙모임으로 결사(結社)가 크게 유행하였다. 지리산은 그러한 신앙결사의 중심지가 되었다. 신앙결사의 성행과 함께 12세기 후반 불교계가 혁신적으로 변모하니, 선종의 입장에서 교종을 융합하려는 조계종의 탄생이 그것이다. 보조국사 지눌은 신앙결사인 수선사를 중심으로 송광사에서 조계종을 개창하였다.

의천과 지눌이 불교혁신을 주도했던 지리산 일대는 몽골의 침입으로 국난을 당했을 때, 호국불교의 상징으로서 팔만대장경이 판각된 곳이기도 하다. 대몽항전을 전개하던 무인정권은 대장경의 판각을 통해 항전 의지를 높이고자 하였다. 당시 최고 권력자인 최우는 대장경을 판각하기 위해 강화도에 대장도감을 설치하고, 1237년(고종 24) 실제 업무를 담당할 분사(分司)로서 남해분사대장도감을 두었다. 최우는 또한 관할지역의 수령인 진주목사로 하여금 고려대장경 판각의 업무를 지원케 하였다. 대장경 판각에 이용할 목재는 섬진강과 남강을 통해 지리산 일대에서 조달하였다.

진주지역은 무신정권 최씨 집안의 오래된 식읍지였다. 최씨 무인정권은 지리산 일대의 사찰과 깊은 관계를 맺고 있었다. 최우의 큰 아들 만종이 출가한 산청의 단속사를 비롯하여 승주의 송광사, 강진의 백련사 등이 대표적 사찰이다. 조계종이 지리산에서 성립될 수 있었던 것도 최씨 무인정권의 영향력과 무관하지 않았다.

실천을 강조한 남명학파의 본산

조선시대에 들어와 지리산문화권은 남명 조식이라는 큰 선비를 배출하면서 한국 유학사에 커다란 획을 그었다. 지리산문화권 일대는 남명에 앞서 함양의 정여창 이래 사림문화가 일어나기 시작했다. 16세기 중반 남명의 학문과 사상은 바로 그와 같은 역사적 기초 위에서 성숙할 수 있었다.

남명 조식의 사상과 삶은 실천을 강조한 '경의(敬義)'와 처사적 삶으로 특징지울 수 있다. 그는 관직에 나아가지 않았으며, 말년에 지리산 자락의 덕산에 정착하여 후학 양성에 힘을 쏟았다. 남명의 문인들은 16세기 후반 진주를 중심으로 남명학파를 크게 일으켰다.

남명학맥은 지리산일대뿐 아니라 크게는 경상우도 지역으로 확산되었으며 호남의 순천·남원 등지로 뻗어 나갔다.

실천을 강조한 남명학파 인사들은 임진왜란 때 '대의'를 좇아 의병의 자취를 뚜렷이 남겼다. 조식은 평소 무예와 병법, 국방문제에 깊은 관심을 보였다. 또한 그는 일찍부터 일본을 경계해야 할 것을 강조한 바 있었다. 때문에 남명의 문인은 어디에 있든지 결연히 창의 대열에 합류하였다. 의령의 곽재우, 고령의 김면, 합천의 정인홍, 청도의 박경신 등은 그 대표적 의병장이었다. 이들의 의병활동은 스승의 사상과 학문을 계승하여 실천한 것이었다.

남명 문인들은 자신의 기반이 되었던 경상우도를 중심으로 봉기하였지만, 호남의 유림들과도 폭넓게 연대하면서 일본군과 싸웠다. 이러한 영·호남의 연대는 사림들의 인적 교류를 바탕으로 이뤄질 수 있었다. 순천의 의병장 박성무는 남명 조식의 문인일 뿐 아니라 호남의병장 김천일의 문하에도 출입한 인사였다.

남명의 문인인 최영경이 기축옥사로 억울한 죽임을 당했을 때 남명의 문인들은 최영경의 신원운동을 일제히 전개하면서 남명학맥을 지켜 나갔다. 그런데 광해군 즉위 후 정인홍이 회재 이언적과 퇴계 이황을 비판한 '회퇴변척(晦退辨斥)'의 문제가 발생하면서, 남명학맥의 인사들 중에는 퇴계학통으로 전향하는 등 많은 이탈자가 생겨났다.

인조반정으로 정인홍이 처형당하면서 낙동강 서쪽인 강우지역을 중심으로 한 남명학파는 크게 위축되었다. 1728년(영조 4) 무신년의 무신란은 위축된 남명학파를 더욱 쇠락시키는 결정적 계기가 되었다. 영조 즉위 초 경종을 지지하며 남인과 일부 소론세력이 일으킨 무신란에는 안음의 정희량, 합천의 조성좌가 참여했으며, 이들은 정인홍의 문인인 정온과 조응인의 후손들이었다. 이로 인해 남명학파의 본산인 강우지역은 반역향(反逆鄕)으로 지목되기에 이르렀다. 이후 중앙의 노론세력과 퇴계학맥의 문인들이 이 지역에 진출하면서 남명학맥의 문인들은 노론화되거나 퇴계학맥으로 연결되어 갔다.

그와 같은 배경에서 19세기 이후 강우지역은 다양한 학맥이 얽혀 있었다. 남인 계열로는 기호 남인의 영수인 허전, 영남 남인의 영수인 유치명과 그의 문인 이진상 등이 있었으며, 노론 계열로는 기정진 등의 학맥이 유지되고 있었다. 이진상의 학맥은 곽종석으로 이어지고, 다시 하겸진·김창숙·조긍섭·김황 등으로 연결되었다. 1919년 3·1운동 일어날 때, 곽종석을 필두로 그의 문인 김창숙·김황 등이 파리장서를 통한 독립운동을 전개해 갔던 것은 실천을 강조한 이 지역 유학의 특성을 계승한 것에 다름아니었다.

변혁과 개혁, 민족운동의 보루

외침과 변혁의 시기를 맞이하여, 지리산은 저항과 혁신의 역사적 현장이 되었다. 지리산을 배경으로 전개된 농민항쟁과 동학농민전쟁, 그리고 의병전쟁은 그러한 사실을 잘 말해주고 있다. 1861년 단성에서 봉기한 농민항쟁은 진주농민항쟁의 서막을 이루었다. 봉건사회 해체기의 사회적 모순을 상징적으로 보여준 진주농민항쟁은 19세기 초반이래 전국 각처에서 다양하게 나타나던 소규모의 농민항쟁을 총결산하는 동시에 이를 전국 규모로 확대하는 신호탄이었다. 1869년 광양에서 일어난 농민항쟁이나, 1870년 덕산에서 이필제가 계획한 농민항쟁 역시 근대 변혁운동에서 주목되어야 할 사건

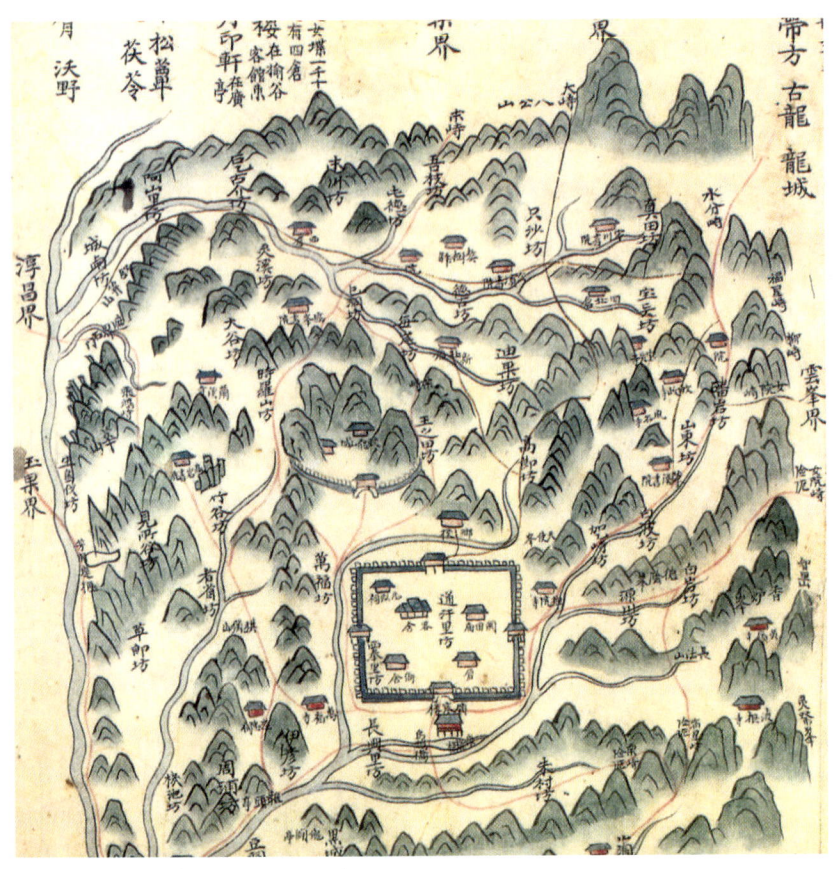

남원부 《해동지도》,
채색사본, 18세기 중기,
서울대 규장각 소장

이다.

1894년 동학농민전쟁이 일어나자 지리산 일대는 영·호남이 연대한 농민군의 활동 무대가 되었다. 남원지역에서는 김개남이 이끄는 농민군이 영남으로 진격하기 위해 운봉전투를 치렀으며, 광양·순천 등지에서는 김인배의 영·호대도호소가 하동과 진주를 잇는 하나의 세력권을 형성하였다.

한말 의병전쟁의 과정에서 주목할 것은 지리산이 영·호남의병의 장기항전기지로 부상했던 점이다. 중부 이북지역의 의병들이 해외의 간도나 연해주로 망명해 갈 때, 이들은 지리산에 의지하여 의병항쟁을 전개해 갔다. 이들에게 지리산은 의병항쟁의 마지막 보루가 되었던 것이다.

고광순의병, 김동신의병, 석상룡의 지리산의병부대, 진주의 노응규의병 등이 지리산의 산길을 따라 영·호남을 넘나들며 일본군과 싸웠다. 임진왜란 때 조선을 도운 명나라 병부상서 석성의 후예인 석상룡이 이끈 지리산의병부대에는 함양과 남원의 인사들이 참여하면서, 1907년부터 1912년까지 지리산을 배경으로 장기적으로 결사항전한 기록을 남겼다.

민중운동의 발상지인 진주에서 1923년 백정의 인권회복을 외치는 형평운동이 일어난 것도 민중성이 짙은 지리산문화권의 역사적 배경과 무관하지 않다. 당시 민족운동의 대부분이 서울을 중심으로 비롯되었던 점을 감안할 때, 사람이면 누구나 평등하다는 슬로건 아래 전개된 백정해방운동이 진주를 중심으로 일어난 자체가 혁신적인 것이었다.

해방 후 혼란의 정국에서 빨치산의 주요 무대가 되면서, 지리산은 또한번 격동을 겪어야 했다. 웅장한 자태에 심원한 계곡을 간직한 지리산의 산세는 외침과 저항의 시기에 천연 요새로서 역할하기에 넉넉한 곳이었다. 근대 변혁시기의 동학과 의병이 그랬던 것처럼, 현대사에서는 빨치산의 거점이 되었던 것이다.

영·호남의 구심, 지리산문화권의 특징

문화권이라 하면 그 지역의 역사문화에 바탕을 두고 형성되는 것

지리산의 능선과 계곡

이 일반적이다. 따라서 문화권의 범주는 행정 구역과 일치하지 않는 경우가 적지 않다.

한국사의 전개과정에서 문화권은 대체로 강이나 분지, 산 등 자연 조건을 기반으로 형성되었다. 안동문화권과 경주문화권처럼 분지를 중심으로 발달한 문화권의 경우 대체로 행정 구역과 일치하고 있지만, 강을 중심으로 형성된 문화권은 행정 구역을 초월하여 이루어지는 것이 많았다. 한강을 중심으로 한 한강문화권이 경기도와 강원도·충청북도 등지에 폭넓게 걸쳐 있으며, 금강을 따라 형성된 금강문화권도 충청남도와 전라북도 지역이 어우러지고 있음은 그같은 사실을 말해주고 있다. 지리산문화권은 지리산을 정점으로 섬진강과 남강을 품에 안으며 전라남·북도와 경상남도 등지에 산과 강이 어우러진 문화권의 형태를 취하고 있다.

지리산문화권은 지리적으로 영·호남을 아우르는 특징을 지니고 있다. 따라서 지리산을 중심으로 전개된 역사 흐름은 그와 같은 문화권적 시각에서 바라볼 필요가 있다. 고대부터 현대에 이르기까지 지리산에 담겨진 역사는 그 폭이 넓고 다양하였다. 고유신앙에서 불교·유교·도교에 이르기까지 수많은 사상과 이념이 지리산의 품에서 배태되고 성장하였으며, 격변기에는 혁신적 사상이 발화하면서 지리산은 한국사상의 산실이자 보고로 자리매김하였다.

지리산은 단지 사상의 보고에 머물지 않았다. 고려 말 왜구의 침입과 임진왜란 때나 조선 말기 농민항쟁과 동학농민전쟁·의병전쟁, 그리고 민중적 독립운동을 상징하는 형평운동 등이 일어날 때 지리산은 저항과 혁신의 중심에 서 있었다. 임진왜란 때에는 실천성을 강조했던 남명의 사상이 의병으로 분출되었으며, 조선후기 봉건사회체제를 비판하며 성숙했던 서민문화의 전통은 근대 변혁기에 이르러 민중성이 짙은 민족운동으로 발전되어 갔다.

이렇듯 사상과 학맥 그리고 저항와 혁신의 역사적 흐름에서 지리산문화권의 구성원들은 영·호남이라는 지방 의식보다는 지리산을 구심으로 굳게 결합하였다. 역사문화적으로 볼 때 지리산은 영·호남을 가르는 경계선이 아니었으며, 영·호남의 사람과 사상이 화합하고 공존하는 역사의 광장이 되었던 것이다.

6백리 물길따라 남해로 흘러드는
섬진강 · 남원문화권

4월의 섬진강과 벚꽃

지리산문화권의 서부인 이 지역은 남원을 중심으로 곡성·구례·광양·순천 등지를 포함한다. 호남의 동남부에 해당하는 이들 지역은 지리산을 등에 업고 남원의 요천·곡성의 보성강·구례의 섬진강 등 물길을 통해 일찍부터 교류가 활발하였다.

물산이 풍부하여 살기 좋았던 이 지역은 영산강을 중심으로 한 호남의 서부 지역과 함께 호남문화의 근간을 이루기도 하며, 영남의 함양·하동·진주 지역 등과도 역사적으로 지리산을 공유하면서 문화적 동질성을 발전시켜 갔다.

교종과 선종을 융합한 불교사상의 산실

신라 교종불교의 기둥, 화엄사

연기조사가 세운 화엄사

화엄사는 그 이름에서도 알 수 있듯이 우리나라의 화엄종을 대표하는 사찰의 하나이다. 구례군 마산면 황전리에 위치한 화엄사는 신라때 연기(緣起)조사가 세운 것으로 전해지고 있다.

그러나 화엄사가 세워진 연대는 기록에 따라 다르다. 〈화엄사 사적기〉에는 544년에 창건했다고 전하고 있으나, 근래 발견된 〈신라백지묵서대방광불화엄경〉에 의하면 8세기 신라 경덕왕 때 세운 것으로 보는 견해도 있다.

신라에 화엄사상을 전파하고 교종불교에서 화엄종을 성립시킨 이가 의상이며, 7세기 경 의상이 낙산

지리산 대화엄사 일주문
일주문의 주련에는 "지리산은 말이 없고, 칠불도 또한 설함도 없네. 이것이 무엇이냐고 물을 것도 없으니, 무심이라야 백운과 함께 하리라"고 쓰여 있다.

대웅전과 동서오층석탑 각황전 다음으로 큰 보물 제299호의 대웅전은 1630년(인조 8) 벽암이 중건한 건물로 앞 마당에 동서 삼층석탑이 놓인 화엄사의 중심 구역이다.

사와 부석사를 세운 이래 전국 각처에 화엄도량이 생겨났다. 이렇듯 화엄종이 전래된 시기가 7세기였던 점을 감안할 때, 화엄도량으로서 화엄사가 세워진 시기는 8세기 경이 유력하다.

연기조사는 황룡사의 승려로서 754년 화엄사에서 화엄경을 베끼는 작업을 주도했다고 한다. 이것은 당시 신라인들이 화엄의 불국토인 연화장세계를 신라의 땅에 구현하려는 의지의 산물이었다.

화엄사상은 세상 삼라만상 모두가 끝없는 시간과 공간 속에서 서로의 원인이 되나 서로 대립하지 않고 대립을 초월하여 하나로 융합하고 있다는 사상이다. 이러한 사상은 신라의 삼국통일 후 고구려·백제 유민들을 포섭하고, 왕을 중심으로 귀족과 백성들을 하나로 조화시키는데 이념적으로 큰 역할을 하였다.

연기조사는 754년 8월부터 이듬해 2월까지 실차난타가 699년

교종과 선종을 융합한 불교사상의 산실 ……… 49

화엄사 각황전과 동서오층석탑

당나라에서 번역한 주본(周本)≪화엄경≫을 베껴 썼는데 전체 80권 중 지금은 17권이 두루마리 2축으로 전하고 있다. 이 사경에는 남원경의 승려 및 고사부리군(전북 고부)·경주의 관리들도 참여하였다. 이를 보면 화엄사를 중심으로 신라 문화와 백제 문화가 서로 교류하였음을 알 수 있다. 또한 연기조사가 세운 사찰로는 고창 연기사, 나주 운흥사, 구례 사성암·천은사·연곡사, 산청 대원사, 사천 다솔사 등이 전하고 있는데, 이들 사찰의 분포를 보더라도 그러한 사실을 짐작해 볼 수 있다.

연기조사와 관련된 유물로는 각황전 서남쪽에 사사자석탑(四獅子石塔)이 있다. 그 모습은 네 마리의 사자가 머리로 석탑을 받치고 있고, 그 중앙에 합장을 한 스님이 머리로 탑을 이고 있는데, 이는 통일신라시대에 조성된 대표적인 이형 석탑이다. 합장한 스님은 연기조사의 어머니인 비구니의 모습이라고 전한다.

석탑 앞에는 꿇어앉아 머리로 석등을 이고 있는 스님 한 분이 조각되어 있는데, 이것은 연기조사가 어머니에게 차공양을 올리는 모습이라고 한다. 이를 보면 화엄사는 연화장세계를 실현하려는 화엄도량일 뿐만 아니라 효의 도량이기도 하였다. 원통전 앞에도 네 마리의 사자가 이마로 탑을 받치고 있는 사각형의 탑(보물 제300호)이 있다.

연기조사 이후에는 도선(道詵)이 이곳에서 출가하여 화엄을 배웠다. 그는 신라 하대 구산문의 하나인 동리산문을 크게 일으키고, 풍수지리사상을 집대성하였다. 신라 말에는 화엄학이 남악(南岳)과 북악(北岳)으로 나누어져 대립하기도 하였다. 화엄사에는 후백제 견훤을 후원하는 관혜(觀惠)와 고려 왕건을 지지하던 해인사의 희랑(希朗)이 대립된 학파를 형성하기도 하였다.

고려시대에는 의천이 이 절에 들러 연기조사의 영정에 예배하고 그를 찬탄하는 시를 남겼으며, 의천의 제자인 정인왕사도 이곳에 머물며 불법을 전하였다. 특히 의천의 아버지인 문종은 전라도 및 경상도 지역에서 나오는 곡물을 매년 이곳에 헌납하도록 하여 저장 창고 두 채를 일주문 밖에 짓기도 하였다. 화엄사는 임진왜란 때 재난을 입었으나 승려 벽암과 성능의 노력으로 불사 중창이 이루어졌고, 지금도 많은 고승들이 머물면서 화엄사상의 구현과 중생제도를 위해 정진하고 있다.

화엄사 각황전 앞의 석등

화엄사의 자취와 문화재

신라 경덕왕 때 화엄사에는 81개의 부속 암자가 있었다고 하나 현재 대표적인 말사로는 곡성 도림사·서산사·수도암·태안사, 구례 사성암·연곡사·천은사, 광양 백운암 등이 있다. 이를 보면 곡성군·구례군·광양시 등지의 사찰들이 화엄사를 중심으로 교류하고 있음을 알 수 있다.

'지리산대화엄사'라고 쓰여진 현판이 있는 일주문을 지나면 금강역사와 문수·보현보살상을 안치한 금강문에 다다른다. 계속 걸어가다보면 불법을 수호하고 사악한 마음의 중생들을 꾸짖는 사천왕이 모셔진 천왕문을 지나고, 중생을 널리 제도한다는 뜻의 보제루(普濟樓)에 이른다. 이 누각에서 스님과 신도들이 법요식을 거행하였다. 누각의 옆을 돌

원통전 앞 사자탑 보물 제300호인 탑은 네 마리 사자가 길쭉하고 네모난 돌을 이고 있는 독특한 모습으로 화엄사 사사자삼층석탑을 모방하였다. 9세기에 세워진 탑은 사용 용도를 정확히 알 수 없으나, 흔히 '노주(露柱)'라고 불린다.

아가면 좌우에 9세기에 건립된 오층석탑이 놓여있으며, 정면에 대웅전(보물 제299호)이 자리하고 있다. 두 탑 중 동탑(보물 제132호)은 서탑(보물 제133호)에 비해 아무런 조각과 장식이 없고, 단층기단으로 되어 있다. 서탑에서는 1995년 해체·보수하면서 진신사리와 더불어 47점의 유물이 출토되었는데, 신라시대에 조성된 필사본 다라니경과 불상을 찍어내는 청동불상주조틀 등이 나왔다.

대웅전 안에는 진리·법 그 자체이고 두루 큰 광명을 비추는

법신불인 비로자나불과 수행의 공덕으로 모든 중생들을 구제하는 보신불인 노사나불과 법신불을 대신하여 모습을 나타내 중생들에게 설법하는 화신불인 석가모니불 등 삼신불이 모셔져 있다. 본존불 뒤에는 삼신불탱화(보물 제1363호)가 그려져 있다.

대웅전 서쪽에는 각황전(국보 제67호)이 위치하며, 본래의 이름은 장륙전이었다. 670년(문무왕 10) 해동의 화엄 초조인 의상이 건립하고, 화엄경을 돌에 새겨 사방벽에 끼워 넣었다고 하나 그대로 믿을 수는 없다. 지금의 건물은 임진왜란 때 모두 불에 타서 1702년(숙종 28)에 새로 지은 것으로 법당 안에는 세 분의 부처와 네 분의 보살, 곧 왼쪽부터 관세음보살·아미타불·보현보살·석가모니불·문수보살·다보불·지적보살 등이 모셔져 있다. 아미타불·석가모니불·다보불 뒤에는 각각 아미타회상도·영산회상도·약사후불탱화가 그려져 있다. 지금까지 다보불은 후불탱화의 내용을 보고 약사불로 이해되었는데, 최근 복장유물의 발견으로 약사불이 아닌 다보불임이 확인되었다.

효대라고 불리는 화엄사 사사자삼층석탑과 석등

교종과 선종을 융합한 불교사상의 산실

각황전의 이름에 대한 유래는 세 가지가 전해진다. 먼저 '부처님은 깨달은 왕〔覺皇〕'이라는 뜻에서 각황전이라고 했다는 전설과 다음에는 조선 숙종에게 불교사상을 일깨워 주었다는 뜻에서 불리워졌다는 설이 있다. 마지막 유래는 중국 청나라 황제와 관련된 것이다. 숙종과 관련된 설화는 다음과 같다.

숙종대 성능(性能)선사가 장륙전 중건을 위해 기도하였는데, 그 기도가 감응을 얻어 공양주스님이 화주승으로 선택되고, 시주자는 화엄사에서 잔심부름 해주고 먹을 것을 얻어가는 노파였다. 노파는 자신의 가난함을 한탄하고 불보살의 원력으로 왕궁에 태어나기를 바라고는 연못에 몸을 던져 죽었다. 그 후 노파는 공주로 환생했는데 한쪽 손을 쥔 채로 태어났다. 손은 5년 후 공양주스님을 만나서 펴졌고 손바닥에는 장륙전이라고 쓰여 있었다. 그리하여 벽암의 뜻을 이어받은 성능이 장륙전을 중건하였고, 숙종이 각황전이라는 이름을 내리고 선교양종대가람(禪敎兩宗大伽藍)으로 승격하였다고 한다.

각황전의 사방 벽은 화엄석경(보물 제1040호)으로 장식되어 있었는데, 이 석경은 화엄사가 세워진 경덕왕 이후에 조성된 것으로, 임진왜란 때 파괴되어 현재 파편만이 남아 있다. 각황전 앞에 있는 석등(국보 제12호)은 통일신라시대에 만들어진 것으로 높이가 6.36m로, 현존하는 국내 석등 중에서 가장 크며 웅건한 조각미를 보여주는 작품이다.

*** 자세히 들여다보기
  김두진,《의상─그의 생애와 화엄사상》, 민음사, 1995
  김주성,〈화엄사 4사자석탑 건립 배경〉《한국상고사학보》18, 1995
  김상현,〈화엄사의 창건 시기와 그 배경〉《동국사학》37, 2002

비구들이여,

대통지승불께서는 십 소겁을 지내고서야 부처님의 법이 앞에 나타나서 아뇩다라삼먁삼보리〔正等覺〕를 이루었느니라.
그 부처님이 출가하기 전에 16명의 왕자가 있었으니, 맏아들의 이름은 지적(智積)이었느니라.
아들들이 각각 여러 가지 훌륭한 기구들을 가지고 있었으나, 아버지가 아뇩다라삼먁삼보리를 이루셨다는 말을 듣고는 모두 보배로운 기구들을 버리고 부처님 계신 곳으로 나아갔는데, 어머니가 눈물을 흘리면서 전송하였느니라.
그 조부 전륜성왕은 일백 대신과 백천만억 사람들에 둘러싸여 함께 도량에 이르러, 다같이 대통지승불을 가까이 모시고 공양하고 공경하며 존중하고 찬탄하였느니라.
그리고 머리를 조아려 발에 예배하고 부처님을 여러 번 돌고 일심으로 합장하여 세존을 우러러 뵈오며 게송을 읊었느니라.

(《법화경》 화성유품)

　　각황전에 모셔진 3불·4보살 가운데 지적보살은 잘 알려져 있지 않은 보살이다. 《법화경》을 보면, 지적보살은 다보불을 따라 사바세계에 내려와 석가모니가 법화경을 설법하는 자리에 참석하였으며, 문수보살과 함께 여자도 부처가 될 수 있다는 논의를 하였다.
　　또한 지적보살은 대통지승불이 출가하기 전에 두었던 16명의 왕자 중 맏아들로 뒤에 동방세계에서 성불하여 아촉불이 되었다고 한다.

청나라 황제와 관련된 각황전의 유래

화엄사는 신라 경덕왕 때 창건되었으나 임진왜란으로 불타버렸다. 당시 덕망이 높고 어질기로 이름났던 주지승은 절을 복구하기 위하여 밤낮으로 부처님께 기원하였다.

하루는 꿈속에 한 도승이 나타났다. 도승은 "주지승의 정성이 지극하기에 부처님이 나를 보내 너의 뜻을 이룰 수 있는 방법을 일러주도록 하였다. 내일 아침 날이 밝거든 아랫마을로 내려가 처음 만나는 사람에게 너의 뜻을 이야기하고 절을 지어주도록 부탁하라. 그렇게 하면 반드시 너의 뜻이 이루어질 것이다"라고 말하였다.

꿈에서 깬 주지승은 일찍 채비를 하고 아랫마을을 향해 걸어갔다. 바로 그때 한 사람이 나타났는데, 절에서 잔심부름이나 하면서 끼니를 이어가는 할멈이었다. 주지승은 기가 막혔지만 도승의 말을 믿고 꿈이야기를 해주었다.

할멈은 놀라 어이가 없다는 표정을 짓고 있었다. 자신이 화엄사를 새로 짓는데 어떠한 도움도 되지 못한다는 것을 잘 알고 있기 때문에 고민하였다. 할멈은 나중에 심한 죄책감까지 느끼다가, 결국은 죽기로 작정을 하고 강물에 몸을 던졌다. 나중에 이 소식을 들은 주지승은 자신의 잘못으로 할멈이 죽었다고 생각하며 괴로워했다. 한편 관가에서는 주지승에게 살인죄라는 죄명을 씌워 잡으려 하자 주지승은 청나라로 피신하게 되었다.

　이 무렵 청나라 황제는 나이 육십에 공주 하나를 얻게 되어 매우 기뻐하고 있었다. 그러나 공주는 나면서부터 울기 시작하더니 좀처럼 울음을 그치지 않았다. 황제는 노하여 공주를 궁궐 밖에 버리도록 하였다. 그리하여 대로변에 누각을 세우고 그 위에 공주를 올려놓았다.

　소문을 들은 주지승은 호기심이 생겨 한 번 가보기로 하였다. 주지승이 궁궐이 이르자 이상하게도 공주는 울음을 그쳤다. 공주를 지키고 있던 황후는 매우 기뻐했고, 궁궐의 황제와 대신들도 뛰어나와 이 광경을 보았다. 황제는 너무도 기뻐 공주를 번쩍 안아들었다. 순간 공주는 웃으며 손가락으로 주지승을 가리켰다. 주위의 눈길이 주지승에게 쏠리자 주지승은 겁나서 도망치려 하였다. 그러자 공주는 다시 울음을 터뜨렸다. 그 기미를 알아챈 황제는 신하들에게 명령해 주지승을 모셔오게 하였다.

　주지승은 조선에서 있었던 일과 이곳까지 오게 된 일을 말하고 "죽을 죄를 지었으니 벌을 내려달라"고 하였다. 그러자 황제는 "공주가 주지승을 보고 울지 않은 것은 전생의 인연이 있기 때문이며, 그때의 할멈이 공주로 환생한 것이다"라고 하였다. 그리고는 주지승의 소원인 절을 지어주기로 약속하였다. 그리하여 화엄사로 돌아온 주지승은 열심히 절을 짓고, 법당의 이름도 황제의 깨달음으로 인하여 절을 짓게 되었다는 뜻으로 각황전(覺皇殿)이라고 불렀다.

지리산록의 사찰들

구례 화엄사를 세우고 중창했던 연기와 도선은 섬진강·남원 문화권뿐만 아니라 남강·진주문화권 내에서도 자취를 남겼다.

구례의 천은사

구례군 광의면 방광리에 있는 천은사는 화엄사·쌍계사와 함께 지리산 3대 사찰 중 하나이다. 처음에는 경내의 샘물을 마시면 정신이 맑아진다고 하여 감로사(甘露寺)라고 하였다가 조선 숙종대 단유(袒裕)선사가 사찰을 중수하면서 천은사로 바꾸었다.

〈극락보전 상량문〉에 의하면 875년(헌강왕 1) 도선이 창건하였고, 후에 덕운이 중수하였다고 한다. 고려 충렬왕 때 '남방제일선원(南方第一禪院)'으로 승격되었으며, 임진왜란때 소실된 것을 1610년(광해군 2) 혜정(惠淨)이 중창하였고, 1679년(숙종 5)에 단유가 중건하였다. 이후 원인 모를 화재가 자주 일어나자 조선 4대 명필의 한 사람인 이광사(李匡師)가 '지리산 천은사(智異山泉隱寺)'라는 글씨를 써서 일주문에 걸게 한 뒤로는 화재가 일어나지 않았다고 한다.

현재 극락보전·팔상전·응진당·칠성각·삼성전·첨성각·감로전·불심원·회승당·방장선원·보제루·일주문·수홍문 등이 있다.

이들과 관련된 사찰은 천은사·연곡사·대원사·만복사 등이 있다. 그만큼 연기와 도선은 지리산 불교문화에서 중요한 위치를 차지하고 있다.

구례의 연곡사

구례군 토지면 내동리에 있는 연곡사는 연기 조사가 창건했다고 전한다. 고려 초기까지 수선도량(修禪道場)으로 이름이 높았지만 임진왜란 때 불에 탄 뒤 태능(太能, 1562~1649)이 중창하였다. 1907년 의병장 고광순(高光洵)이 이곳에서 순절했으며, 왜병에 의해 방화되었다.

현재 동부도(국보 제53호), 북부도(국보 제54호), 삼층석탑(보물 제151호), 현각선사탑비(보물 제152호), 동·서 부도(보물 제153호·제154호) 등이 있다. 도선의 부도로 추정되는 동부도는 일제가 동경대학으로 반출하려다 실패했다고 한다. 서부도는 임진왜란 뒤에 절을 중창하였던 소요대사의 부도탑이다.

연곡사 동부도 국보 제53호로 지정된 우리나라에서 가장 아름다운 부도 가운데 하나로 통일신라시대 후기에 건립되었다. 팔각원당형의 부도는 각 부분에 봉황·용·사자·연꽃잎·향로 등을 비롯하여, 팔부중상·사천왕상 등 여러 조각이 새겨져 있으며, 특히 불교의 낙원에 사는 극락조, 가릉빈가가 새겨진 몇 안되는 유물의 하나이다.

산청의 대원사

산청군 삼장면 유평리에 있는 대원사는 해인사(海印寺)의 말사로 548년(진흥왕 9) 연기가 창건하여 평원사(平原寺)라 하였다. 그 뒤 폐사가 되었던 것을 1685년(숙종 11) 운권이 절을 짓고 대원암(大源庵)이라 하였으며, 1890년(고종 27) 구봉(九峰)이 건물을 중건하고 서쪽에 조사영당, 동쪽에 방장실과 강당을 짓고 대원사로 이름을 바꾸었다. 1948년 여순반란사건 때 방화로 소실되었고, 1955년 법일이 중창한 뒤 비구니선원을 개설하였다. 이 절은 석남사(石南寺)·견성암(見性庵) 등과 함께 대표적인 비구니 참선도량이다.

현재 대웅전·원통보전·응향각·산왕각·봉상루·천왕문·범종각 등이 있다.

절 뒤편 사리전 앞에는 다층석탑(보물 제1112호)이 있다. 646년(선덕여왕 15) 자장(慈藏)이 세웠다는 이 탑은 돌이 철분을 많이 함유한 탓으로 붉은 물이 스며 나와 강렬한 인상을 풍기고 있으나 조각은 소박하다.

대원사 다층석탑 조선 전기에 만들어진 탑으로 1784년(정조 8)에 중수하였다고 전한다. 이층 기단 위에 팔층 탑신을 올린 석탑은 기단 모서리에 기둥 모양이 아닌 인물상이 새겨져 있어 특이하다.

남원의 만복사

　남원시 왕정동에 있었던 절로 현재 사적 제349호로 지정된 터에는 오층석탑을 비롯하여 석불입상·불상대좌·당간지주 등이 남아 있다. 만복사는 도선이 건립한 뒤 고려 문종 때(1046~1083) 중수되었다가 정유재란 때 남원성이 함락되면서 소실되었다고 전한다. 절터는 기린산 아래 넓은 평야의 야산에 자리하고 있는데, 많은 건물에 수백명 승려가 머물었다고 할 정도로 경내 면적이 상당히 컸다. 특히 오층과 이층의 법당에 높이 10m의 불상이 봉안되었다고 한다.

　오층석탑은 문종 때 세워진 탑으로 각 층 탑신석 사이에 큰 굄돌을 끼운 특이한 탑이다. 거대한 돌로 조각된 불상대좌 역시 문종 때 만들어진 것으로 추정되며, 평면이 육각형인 특이한 형식이다. 만복사는 경내 면적과 문화재의 규모로 볼 때 고려 왕실과 관련된 고려시대 대표적인 사찰 가운데 하나로 평가된다.

만복사지 석인상　전체 3.75m에 달하는 긴 기둥 모양의 인왕상으로, 현재 머리 부분을 제외한 몸통 아래는 땅에 묻혀 있다.

화엄사상을 아우른 선종사찰, 실상사

실상사 동서삼층석탑(동탑)
보광전 앞뜰에 동서로 세워져 있는 보물 제37호의 삼층석탑은 이층 기단에 삼층 탑신을 올린 통일신라시대 전형적인 석탑이다. 탑의 상륜부는 거의 완전하게 보존되어 있는 희귀한 예이다.

홍척선사가 세운 실상사

남원시 산내면 입석리에 있는 실상사는 홍척(洪陟)이 828년(흥덕왕 3) 창건한 남종선 계통의 선종 사찰이다. 홍척이 세울 때 처음 이름은 지실사였으나, 그의 제자인 수철에 이르러 실상사로 이름을 바꾸었다고 전한다. 실상사는 선종산문의 하나인 실상산문의 중심 사찰이었다.

중국에서 성립된 선종사상은 달마가 창시한 이래 북종선과 남종선으로 갈려 나갔으며, 신라에는 8세기경 북종선이 먼저 들어 왔다. 신행이 지리산 산청에서 창건한 단속사가 북종선 최초의 사찰이었다. 이후 당나라에 가서 지장에게 남종선사상을 배운 홍척이 지리산록에 남종선 계통의 실상사를 세우며 선종산문을 일으켰다.

홍척은 실상사를 세울 때 흥덕왕과 선강태자의 도움을 받았다. 이러한 사실은 선종계통의 실상산문이 중앙 왕실과 밀착되었음을 알려주고 있다. 이는 북종선 계통의 단속사가 교종불교와 공존하면서 성장해 간 것처럼, 실상산문 역시 교종과 대립하기 보다는 교종의 기반 위에서 성장해 갔음을 보여주고 있다.

그가 귀국했을 때는 이미 821년(헌덕왕 13)에 귀국한 도의(道義)가 설악산을 근거로 하여 선법을 펴고 있었다. 도의 또한 홍척이 사사했던 지장으로부터 선법을 배워 왔다. 〈봉암사 지증대사적조탑비〉에는 "북산(北山)에는 도의요 남악(南岳)에서는 홍척"이라고 하였으며, 또한 "선사가 당에 가서 법을 구해온 것은 원적선사 도의보다 뒤지지만 절을 짓고 문파를 이룬 것은 구산선문 중 가장 먼저"라고 전하고 있다. 이를 보면 그는 도의와 더불어 당시 남북을 대표하는 선승이었으며, 구산산문의 선구자였음을 알 수 있다.

실상사 석등 보물 제35호인 석등은 뛰어난 장식성이 가미된 9세기 대표적 석등으로, 화사석 팔면에 모두 창을 뚫었으며 등불을 켤 수 있도록 돌계단이 놓여 있는 유일한 예이다.

그의 문하에는 실상산문 제2대 조사가 된 수철화상과 편운이 홍척의 선종사상을 이었고, 이들의 수많은 제자들이 전국에 걸쳐 선종사상을 일으켰다. 봉림산문의 현욱(玄昱) 또한 837년부터 3년간 실상사에 머물기도 하였다.

수철은 단의장옹주의 도움을 받아 실제로 실상산문을 성립시켜 간 것으로 보이며, 지실사를 확장하여 실상사로 고쳤을 것으로 추측된다. 그는 선 뿐만 아니라 화엄경을 공부하였고, 지실사

실상사 백장암 삼층석탑 ↑
약사전 철불 ↗

에서 대장경을 열람하기도 하였는데, 이것은 그가 선종과 교종을 대립적으로 이해하지 않았음을 보여준다. 그가 머무르거나 관련이 있는 절은 지리산의 지실사, 양주의 심원사이며, 그 밖에 그의 제자들이 지리산 북쪽에 세운 법운사 등을 들 수 있다. 편운에 대해서는 행적이 알려져 있지 않으나 그의 부도를 보면, 그는 실상사에서 나와 안봉사를 세운 개산조였음을 알 수 있다.

실상사의 자취와 문화재

정유재란 때 소실된 것을 숙종대 벽암·계오·침허 등에 의해 중창되었다고 한다. 이후 1884년에 월송이 중건하였다.

단일 사찰로서 가장 많은 문화재를 보유하고 있어, 경내에는 증각선사응료탑·탑비(보물 제38호·39호), 수철화상능가보월탑·탑비(보물 제33호·34호), 보광전 앞 석등(보물 제35호), 보광전 앞 동서삼층쌍탑(보물 제37호), 약사전 철조여래좌불(보물 제41호), 실상사 부도(보물 제36호), 백암사 청동은입사향로(보물 제420호) 등이 보존되어 있다.

실상사에는 백장암·서진암·약수암 등의 암자가 있으며, 이들 암자에도 보물급 문화재가 있다. 백장암에는 삼층석탑(국보 제10호)이 있는데, 많은 조각을 장식한 석탑은 기존의 석탑 양식에 구애받지 않고 자연스러운 모양을 하고 있는 통일신라시대의 탑이다. 석탑 뒤에는 매우 정교하게 조각된 석등(보물 제40호)이 있는데 팔각의 간주석 위에 난간을 두른 모양을 하고 난간에 동자상을 조각한 전례에 없던 매우 독특한 양식을 취하고 있다.

실상사입구 돌장승

약수암의 보광명전에는 1782년(정조 6)에 제작된 목조탱화(보물 제421호)가 있다. 전체 구조는 상하로 나누어 하단 중앙에는 아미타불을 모시고 좌우로 2구씩 4구의 보살이 조각되어 있고, 상단의 아미타불 바로 위에는 두 비구가 있고, 비구 좌우로 2구씩 4구의 보살이 있다. 아미타불을 제외하고는 모두 입상이다.

실상사 경내에는 보광전·약사전·명부전·칠성각·선리수도원(禪理修道院) 등의 전각이 있다. 보광전 안에는 조선시대에

수철화상능가보월탑　능가보월탑은 실상사 제2세 수철의 사리를 모신 승탑으로, 보물 제33호로 지정된 전형적인 팔각원당형의 부도이다. 옆에는 홍척의 사리를 모신 보물 제38호 증각대사응료탑이 있다.

두 선사의 승탑 주변에는 보물 제34호인 능가보월탑비와 보물 제39호인 응료탑비가 있다. 능가보월탑비는 귀부없이 직사각형 받침돌에 비신이 올려져 있으며, 응료탑비는 비신은 없고 귀부와 이수만 남아 있는데 형식은 태종무열왕릉비와 비슷하다.

조성된 비로자나불좌상을 중심으로 좌우에 종이로 만든 보살입상이 있고, 1694년(숙종 20)에 만든 범종이 걸려 있다. 종에는 일본 지도 비슷한 무늬가 있어 이것을 치면 일본이 망한다는 소문이 떠돌아 일제 말기에는 감시를 받았다고 한다. 약사전에는 수철이 4천 근의 철을 들여 만든 철불(보물 제41호)이 있다. 하품중생인의 손 모양을 하고 있어 아미타불인 듯하나 약사불이라 불리고 있다.

절 입구에는 석장승 3기(중요민속자료 15호)가 있다. 원래 4기였으나 1기가 1936년 홍수 때 없어지고 현재 3기만 남아 있다. 남장승인 '상원주장군(上元周將軍)'은 두 눈과 코가 크고 둥글며 머리에는 모자를 쓰고 손은 창을 든 모습이며 '대장군'은 뒤에 만들어진듯 이렇다 할 특징은 없다. 잡귀를 막기 위해 마을 어귀나 사찰 입구에 세워진 장승은 우리나라 벽사(辟邪)신앙의 하나이다.

현재 절 입구에 세워진 석장승으로는 나주 운흥사, 무안 법천사, 영암 도갑사, 함양 영은사지 등지에 1구 내지 2구의 돌장승이 있으며 지역적으로 영·호남에 상당수가 분포되어 있다.

*** 자세히 들여다보기

서연애,〈실상사백장암 삼층석탑의 표면장엄에 대한 연구〉《이대사원》13, 1976
고익진,〈신라하대의 선전래〉《한국선사상연구》, 동국대, 1985

교종의 유식사상을 아우른 선종사찰, 태안사

혜철선사가 세운 태안사

곡성군 죽곡면 원달리에 있는 태안사는 혜철(惠哲)이 839년(신무왕 1) 창건한 남종선 계통의 선종 사찰이다. 태안사는 선종 산문의 하나인 동리산문(桐裏山門)의 중심 사찰이었다.

남종선 계통의 태안사가 세워지면서 지리산은 명실공히 선종불교의 중심지가 되었다. 실상산문이 교종의 화엄사상을 수용했다면, 동리산문의 태안사는 교종의 유식사상을 아우르면서 불교사상의 발전을 이룩하는데 크게 기여하였다. 이렇듯 지리산문화권내 불교문화는 9세기에 이르러 선종불교가 교종불교를 모두 아우르면서 더욱 성숙해 갔다.

동리산 태안사 일주문

태안사를 창건하고 동리산문을 연 혜철은 경주 출신이다. 성은 박씨로 자는 체공(體空)이며, 동리화상이라고도 한다. 어려서 출가하여 영주 부석사에서 화엄학을 익히고 22세 때 비구계를 받았다. 814년(헌덕왕 6)에 당나라로 가서 남종선 계통의 지장(地藏)문하에서 공부하

태안사 적인선사조륜청정탑
혜철의 사리를 모신 승탑으로 9세기 중후반에 세워진 전형적인 팔각원당형의 부도이다. 보물 제273호인 승탑은 기단부·탑신부·상륜부 등이 모두 그대로 남아 있고, 각 부분의 조각이 매우 자세하게 새겨져 있다.

였다. 당시 지장에게 사사한 신라 승은 혜철 외에도 진전사 도의, 실상사 홍척 등이 있었으나 함께 공부했다는 기록이 보이지 않아 서로 시기를 달리하여 지장에게 공부했던 것으로 보인다.

그는 뜻이 굳고 품성이 영명하여 지장을 만나는 즉시 심인을 전수받았다. 지장은 그에게 "설하는 바 없이 설하고〔無說之說〕, 법이 없는 중에 있는 법〔無法之法〕"을 전하도록 하였다. 지장이 입적하자 공공산을 떠나 중국을 순례하다가, 서주 부사사(浮沙寺)에 자리잡고 3년 동안 대장경을 열람한 다음 839년(문성왕 1)에 귀국하였다.

귀국 후 태안사에 머무르면서 교화를 폈고, 문성왕은 설법과 정치의 정도를 묻기도 하였다. 당시 상황을 〈태안사 비문〉에서는 "산중에 사람이 없더니 오늘에야 돌아오도다. 나라가 보물을 얻음이라. 불타의 지혜와 달마의 선법을 모두 갖추게 되었다"라고 하였다. 861년(경문왕 1)에 입적하자 왕이 적인이라는 시호와 함께 '조륜청정'이라는 탑의 이름을 내렸다.

혜철의 선풍은 교종 중 유식사상과도 연결을 가지면서 옥룡사 도선(道詵)—경보(慶甫)와 태안사 여선사(如禪師)—광자대사(廣

慈大師) 윤다(允多)로 이어지며 크게 일어나 선문 구산 중의 동리산문을 형성하였다.

그의 제자 도선은 태안사 옆 고개에 옥룡사를 세우고, 신라 하대 호족의 사상적 기반이 된 풍수지리사상을 집대성하였으며, 도선의 제자 경보는 고려 건국에 큰 역할을 하였다.

동리산문의 제3대 조사인 윤다(864~945)는 자는 법신(法信)으로 경주에서 태어났다. 8세에 집을 떠나 사방으로 다니다가 동리산에서 선을 수행하였다.

혜철은 윤다에게 "도는 몸 밖에 있는 것이 아니요, 부처는 곧 마음에 있는 것이니, 오랫동안 익히면 찰나에 깨달음을 얻게 된다"고 가르쳤다. 그 뒤 가야갑사(迦耶岬寺)에서 구족계를 받고 다시 동리산으로 돌아와 한 마음으로 연구하여 진리를 깨닫고 깊고 미묘한 이치를 알았다.

효공왕은 윤다에게 조서를 내려 도를 묻기도 하였고, 고려 태조는 대궐로 청하기도 하였다. 그는 임금에게 '국가의 행복이 무엇이고 백성의 행복이 무엇인가를 언제나 잊지 않아야 함'을 강조하였다. 그는 선승이면서도 제자들에게 계율로써 스승을 삼으라고 당부할 만큼 율법을 중시하였다.

태안사 적인선사조륜청정탑비 탑비는 조륜청정탑 바로 옆에 있다. 현재의 비신은 1928년 파손되었던 것을 다시 복원한 것이다. 깨진 비신은 현재의 탑비 옆에 있으나 글자를 확인할 수 없을 정도로 마멸되어 있다.

교종과 선종을 융합한 불교사상의 산실

태안사의 자취와 문화재

태안사는 고려 태조 때 법손인 광자대사 윤다가 132칸의 건물을 짓고 대사찰을 이룩하면서 구산문의 하나인 동리산문의 중심 사찰이 되었다.

고려 초에는 송광사·화엄사 등 오늘날 전라남도 대부분의 사찰이 이 절의 말사였으나, 중기에 송광사가 수선사(修禪社)의 본사로 독립됨에 따라 사세가 축소되었다. 6·25전쟁 때 대웅전을 비롯한 15채의 건물이 불타버렸으며, 근래에 들어와 중창불사가 있었다.

현재 경내에는 대웅전·천불보전·만세루·해회당·선원·능파각·일주문 등이 있다. 문화재로는 적인선사 조륜청정탑(보물 제273호), 광자대사탑·탑비(보물 제274·제275호), 대바라(보물 제956호), 천순명동종 등이 있다. 대바라는 승무를 출 때 사용하는 바라로 조선 태종 때 효령대군이 발원하여 만들었으며, 둘레가 3m로 우리나라 최대이다. 천순명동종은 1465년(세조 11)~1475년(성종 6)에 만들어진 것으로 공예수법이 뛰어나다.

*** 자세히 들여다보기
 최병헌, 〈도선의 생애와 나말여초의 풍수지리설〉《한국사연구》11, 1975
 김두진, 〈나말려초 동리산문의 성립과 그 사상―풍수지리사상에 대한 재검토〉
  《동방학지》57, 1988
 추만호, 〈나말려초의 동리산문〉《선각국사도선의 신연구》, 영암군, 1988

풍수지리사상을 낳게 한 옥룡사와 도선

　신라말 고려초는 고대사회에서 중세사회로 넘어가는 전환기로 정치·사회적인 변화는 물론 사상계에도 많은 변화가 나타나고 있었다. 특히 사상계의 변화는 호족세력이 할거하는 상황에서 새로운 질서를 모색해 나가는데 일정한 역할을 수행하였다. 이 과정에서 빼놓을 수 없는 것이 바로 풍수지리설이다. 도선에 의해 강조된 풍수지리설은 인문지리적 사고와 선종과 연결되고 한편으로는 예언적인 도참사상과도 밀착하면서 사회 변화의 추진력이 되었다.

　도선(道詵)은 827년(흥덕왕 2)에 영암에서 태어났다. 속성은 김씨이고, 가계는 알려져 있지 않다. 본래 중앙귀족이었으나 낙향하여 영암지방의 호족세력이 되었던 것으로 추정된다. 15세에 지리산 화엄사에 들어가 화엄을 공부하였고, 20세에 동리산문의 혜철 문하에 들어 선종의 이치를 깨쳤다. 23세 때 천도사에서 구족계를 받은 뒤 태백산을 유람하면서 선 수행을 하고 광양의 옥룡사로 돌아와 72세(898)에 입적할 때까지 선풍을 드날렸다.

　옥룡사는 동리산문에 속해 있거나 인연이 깊은 사찰이었다. 이후 도선의 제자 경보가 이곳에 머물면서 사원의 세력이 크게 떨쳤다. 이 사찰은 견훤의 세력권 내에 있었던 것으로 보이지만 〈도선비문〉에는 오히려 왕건과 연결되었다. 특히 도선의 풍수지리설은 고려 건국을 정당화하는 과정에서 주목되었다.

　〈도선비문〉에는 도선이 남해의 물가에서 만난 이인(異人)에게서 모래를 쌓아 만든 산천의 순역(順逆) 형세를 전해받고 깨달음

옥룡사터 전경 백계산에 위치한 옥룡사터는 1994년과 1997년~1998년 두 차례의 지표조사·발굴조사 결과 도선·경보 승탑터와 건물터, 명문비편 90여 점이 확인되었고, 유골과 돌로 만든 관이 발견되었다.

을 얻어 더욱 음양오행설을 연구하였다는 내용이 전한다. 여기서 이인은 스승 혜철일 것으로 추정된다. 곧 혜철이 서당지장의 법을 이어받고, 지장은 마조도일로부터 삼계유심(三界唯心: 일체의 삼라만상이 오직 마음에 의해서 변화되고, 마음을 떠나서는 어떠한 것도 존재할 수 없다는 사상)의 사상에 기인한 유식론적 선사상을 받았던 사실에서 유추하고 있다. 이러한 유식론적 선사상은 이후 동리산문의 사상적 특색으로 정립되었다.

한편 고려 때 김관의(金寬毅)가 쓴 《편년통록(編年通錄)》에는 도선이 당나라 승려 일행(一行)의 지리법을 받았다는 내용이 전하고 있다. 이것은 사실이 아니지만 도선의 사상이 일행의 그것과 연결될 수 있음을 생각하게 한다. 일행은 당나라의 지세에 따라 세 부분으로 나누어 전국토를 관찰했는데, 도선의 풍수지리설 또한 이런 면이 강조되었다.

　도선은 선승으로 각처를 유람하며 산수지형의 순역을 정하고 명당을 제시하였다. 명당을 중심으로 전국토의 재구성안을 편성해 〈삼국도(三國圖)〉를 그렸다. 이 점이 도선의 사상을 비보(裨補)로 흐르게 하였다.

　도선의 비보사상은 왕건의 호족연합책과 연결되면서, 고려 초 호족세력을 편제하고 한편으로 그들을 제어하려는 왕실의 통치정책과 얽혀 정략적으로 이용되었다. 반왕건 호족이 자리하는 지역은 지리흉왕설에 의해 역지(逆地)로 규정되었고, 역한 땅을 비보하려는 조치는 호족세력을 통제하면서 왕권을 강화하려는 왕건의 의도와 밀착될 수 있었다. 그리하여 도선의 풍수지리설이 점차 도참적 성격으로 변질되어 가면서 훈요십조에 금강 이남의 후백제 지역을 역한 땅으로 규정하여 경계하도록 하였다.

　풍수지리설은 성격상 서로 배타적이어서 공존이 불가능하다. 따라서 후삼국시대의 분열기에는 호족세력과 연결되어 유행할 수 있었으나 고려로 통일된 이후에는 왕건에 의해 정리되었다. 바로 여기에 풍수지리설이 고려 초에 이르러 사상적으로 발전하지 못하고 도참으로 전개될 수밖에 없는 한계가 있었다.

*** 자세히 들여다보기
　최병헌,〈도선의 생애와 나말려초의 풍수지리설－선종과 풍수지리설의 관계를 중심으로 하여〉≪한국사연구≫11, 1975
　서윤길,〈도선국사의 생애와 사상〉≪선각국사도선의 신연구≫, 영암군, 1988
　김두진,〈풍수지리·도참사상〉,≪한국사≫11, 2003

고려의 지배세력과 불교 혁신

섬진강 일대의 호족 박영규와 신숭겸

견훤의 사위, 박영규

892년(진성왕 6) 견훤은 무진주(전남 광주)에 후백제를 세우고 무진주 동남쪽의 군현을 아울렀다. 그는 상주 일대를 지배하였던 사벌주 장군 아자개의 아들로 신라의 무장 출신이었다. 중앙군으로 경주에 진출하였던 그는 서남해의 방수군으로 파견되어 그곳의 지휘관을 역임하며 자신의 세력을 만들었다. 이 때 지방 곳곳에서는 초적이 봉기하여 사회질서가 크게 무너지고 있었다. 견훤은 신라 조정에 반기를 들고 무진주를 중심으로 독자적인 정권을 세웠다.

후백제 건국 이후에 견훤이 장악하였던 무진주 동남쪽의 군현은 지금의 광주 동남쪽 지역인 곡성·구례·순천·여수·광양·보성·고흥 지역을 말한다. 이 지역은 섬진강을 중심으로 형성된 동일한 문화권에 속하며, 이 가운데 곡성을 제외한 지역은 '동부 6군'으로 불렸다. 후삼국시기에도 이 지역은 동일한 지역적 유대 관계를 맺었다. '동부 6군'의 중심이 오늘날 순천으로 불리는 승주 지역이다.

영산강·탐진강 유역인 나주·영암·영광·함평·무안·진도·완도·해남·강진 등 무진주 서쪽 지역의 호족세력이 태봉과 고려에 각각 귀부한 것과 달리 후백제 건국 이후 승주 지역 주변의 호족들은 모두 견훤에게 항복하였다. 이들은 후백제 영역에 포함되면서 후백제의 주요 정치세력으로 성장하였다. 견훤은 후백제의 배후를 공략하려는 나주 호족세력을 견제하는 한편 서남 해안의 바다를 확보하기 위해 신라와 접경을 맞대었던 지리산 서쪽 호족세력을 정권의 요직에 발탁하였다. 승주 지역의 지방세력이 바로 박영규(朴英規)였다.

박영규는 견훤의 사위이자 후백제의 장군이었다. 견훤과 궁예는 자신의 권위와 정권의 안정을 위하여 유력한 호족세력의 딸을 왕비로 맞거나 자신의 딸을 혼인시키는 정책을 폈다. 박영규는 승주 지역은 물론 인근 지역을 정치적·군사적·경제적으로 지배하였던 큰 규모의 호족세력이었기에 견훤의 사위가 되었던 것이다. 그는 당시의 다른 호족들과 마찬가지로 독자적인 세력을 갖추고 승주 일대를 지배하였다.

왕건의 최측근, 신숭겸

승주는 섬진강 유역의 중심지로 물산이 풍부하였다. 섬진강의 수운은 내륙으로는 송광사가 위치한 조계산 근처까지, 물길로는 순천만까지 이어졌다. 박영규는 섬진강을 따라 곡성·화순 일대의 내륙 물산을 해남·고흥·여수·남해 등 남해안 도서를 통해 다른 지역으로 운반하는 역할을 담당하며 큰 규모의 호족세력으로 성장할 수 있었다.

압록 전경 압록은 섬진강과 보성강이 만나는 곳으로 물살이 센 여울이 있다. 현재 강 위에 반월교(압록교)와 전라선 철교가 놓여 있다.

박영규가 후백제 건국과 동시에 견훤에게 항복하였을 때, 승주의 북쪽 곡성 지역에는 신숭겸(申崇謙)이 있었다. 신숭겸은 박영규와 달리 일찍이 궁예의 휘하에 들어갔다가 918년(태조 1) 6월 홍유·복지겸·배현경과 함께 왕건을 추대하여 고려를 개국하는데 큰 역할을 하였다. 그는 927년 신라 경애왕을 죽이고 개선하는 후백제군을 맞아 팔공산에서 싸우다가 왕건을 대신하여

죽임을 당하였다. 왕건은 자신의 오른손을 잃었다고 슬퍼하며 평산 지역을 신숭겸 후손의 식읍으로 주었다. 이후 신숭겸의 후손은 평산을 본관으로 사용하면서 신숭겸을 시조로 모시고 있다.

《고려사》에 신숭겸은 광해주(춘천) 출생이라고 하였다. 곡성 지역에도 그의 유적이 남아 있다. 목사동면 구룡리에 있는 용산재와 오곡면 덕산리에 있는 덕양서원이 그것이다. 이것은 조선시대에 신숭겸의 충절을 기리기 위해 곡성의 후손들이 그의 탄생지에 건립하였다고 전한다.

덕양서원은 1589년(선조 22) 곡성현감 신옥(申沃)이 관내 후손과 협의하여 건립한 서원이다. 정유재란 때 소실되었다가 1602년 전라도 관찰사 한준겸(韓浚謙)이 다시 세웠으며 몇 차례 중수를 거듭한 끝에 1695년(숙종 21)에 '덕양'이라고 사액되었다. 1868년(고종 5) 흥선대원군의 서원훼철령에 의해 철폐되었다. 1897년 후손 신명희가 구룡리에 유허비를 세웠고, 1960년 유허비 앞에 용산재와 구룡문이 세워졌다.

신숭겸의 유적이 남아 있는 목사동면은 화순에서 섬진강으로 흐르는 보성강 유역에 있다. 보성에서 발원한 보성강은 전라도 남부를 동서로 흐르며 압록에서 섬진강과 만나 순천만으로 흐르고 이 강의 북쪽과 남쪽에 각각 곡성과 순천이 자리하고 있다. 신숭겸은 원래 춘천 출신이었지만 곡성에도 토착적 기반이 있었

신숭겸 유허비와 용산재 1897년에는 유허비를 세우고, 1929년에 단을 다시 수리하였다.

다. 그는 승주 호족인 박영규에게 밀려 곡성을 떠나 섬진강을 따라 일찍이 궁예에게 들어갔을 것이다. 그것은 박영규가 이 일대에서 가장 강했던 호족 세력이었기 때문이었다.

후백제 분열과 박영규의 고려행

박영규는 후삼국 통일 전쟁이 막바지에 이르자 고려에 귀부하였다. 936년(태조 19) 견훤의 아들 신검·양검·용검은 견훤을 금산사에 가두고 후백제의 정권을 차지하였다. 이 때 박영규는 삼형제에 의해서 죽임을 당한 견훤의 또 다른 아들 금강을 옹호하였다. 그는 "충신은 두 임금을 섬기지 않는다고 한다. 만약 우리 임금을 버리고 반란을 일으킨 자를 섬긴다면 무슨 낯으로 천하의 의로운 이를 볼 수 있겠는가"라고 명분을 내세우며 왕건에게 귀부하였다.

왕건은 박영규를 형으로 섬겨 극진히 예우하며 좌승이라는 고위 품계를 주고 그의 딸을 동산원부인으로 맞이하는 한편 또 다른 두 딸을 아들 정종의 부인으로 삼았다. 박영규는 견훤 정권이 사실상 붕괴하자 후백제를 떠나 왕건에게 귀부하였고, 왕건은 지리산 서쪽 섬진강 수계를 장악하였던 박영규를 포섭하면서 그의 강력한 세력 기반을 고려에 포함시키고자 하였다. 고려에 귀부한 박영규는 정종대까지 세력을 유지하였으나 광종 이후 왕권 전제화 작업으로 호족세력이 크게 숙청되면서 고려 국가의 지배질서에 편입되었다.

승주 호족 박영규는 신라 말부터 고려 초까지 태봉과 후백제, 후백제와 고려, 후백제와 신라가 치열하게 영역을 다투었을 때 지리산 서쪽 지역과 남해안 도서 지역을 장악하면서 지리산 일대를 확보하려는 견훤과 왕건의 전략적 요충으로써 역할을 담당하였다. 현재 순천 지역에는 박영규와 관련된 유적은 남아 있지 않으나 박영규의 후예인 순천박씨가 승주를 본관으로 삼고 있다.

*** 자세히 들여다보기
 김철준,〈후삼국시대의 지배세력의 성격〉《한국고대사회연구》, 지식산업사, 1975
 신호철, 《후백제 견훤 연구》, 일조각, 1993
 정청주, 《신라말 고려초 호족 연구》, 일조각, 1996

천태종과 조계종을 탄생시킨 선암사와 송광사

천태종을 세운 의천과 선암사

순천시 승주읍 죽학리에 있는 선암사는 태고종의 본산으로 알려진 절이다. 이곳은 중국의 천태교법을 전수받아 천태종을 개창한 대각국사 의천과 깊은 관계를 갖고 있다.

선암사는 원래 529년(백제 성왕 7) 아도화상이 암자를 짓고 청량산 비로암이라 하였던 것을 861년(경문왕 1)에 도선이 중창하여 선암사라 고쳐 불렀다. 그 후 대각국사 의천이 이곳에서 천태종을 개창하면서 조계산 선암사라고 불렀다.

한국불교태고종 총무원
선암사 일주문 뒤 현판

현재 경내에는 우리나라에서 몇 안되는 무지개처럼 반원형으로 쌓은 홍예교인 승선교를 비롯하여 통일신라 때 만들어진 이층기단의 동·서삼층석탑과 10세기 경 건립된 동·북부도가 남아 있으며, 특히 대각국사 의천의 진영이 소장되어 있다.

의천은 문종의 넷째 아들로 어머니는 당대 최고의 문벌귀족인 인주 이씨이다. 그는 11세에 화엄종 승려인 경덕국사에게 출가한 뒤 불교 경전과 각종 장소(章疏)를 읽고 유교 전적과 제자백가의 서책도 섭렵하였다. 그 후 송나라에 들어가 당시 신법당과 긴밀한 관계를 맺었던 정원(淨源)에게 화엄사상은 물론 능엄·원각·기신의 교학을 익히고 종간에게 천태교관을 배웠다. 또한 송나라에 있는 불교학 장서를 수집하여 속장경을 만드는 계기를 만들었다.

의천의 천태종 창립은 숙종의 후원을 받아 이루어졌다. 천태종 성립 이전의 불교계는 교종과 선종이 서로 반목하고 있었다. 의천은 문벌귀족과 연결되었던 화엄사상과 유식사상의 갈등을 해소하고 화엄종 입장에서 각 종파를 회통시키려고 하였다. 그는 우리나라에 화엄사상을 일으킨 의상을 존경하고 숭상하면서 한편으로 원효의 화쟁사상을 높이 평가하였다. 또한 교종과 선종을 융합시키기 위해 새롭게 천태사상을 부각하여 고려 초부터 성행하였던 교선일치의 사상 경향을 다시 확립하려고 하였다.

선암사 대각국사진영 보물 제1044호로 지정된 영정은 1805년(순조 5)에 도일이 수정·보완하였으며, 혜근의 글이 남아 있다.

문종대 성숙한 고려 문화는 예종대 정치적 변혁을 겪으면서 점차 쇠퇴되기 시작하였다. 불교계 역시 이러한 분위기에서 예외는 아니었다. 청담적이고 은둔적 성격을 갖춘 거사(居士)불교가 나타나면서 선종불교가 점차 일어나게 되었다. 이자현(李資玄)은 왕실을 압도하고 권력을 독점하였던 당시 최고 세력 이자의와 가까웠지만, 청평산에 은둔하며 선 수행에 관심을 두었다. 굴산문 승려 혜소(慧炤)는 예종대 탄연(坦然)·지인(之印) 등 굴산문 승려와 함께 산중에 들어가 선 수행에 몰두하는 경향을 보였다. 산중 불교의 등장은 신앙결사를 유행시켰고, 신앙결사는 대부분 지리산 일대의 사찰에서 성행하였다. 합천 해인사 주변의 오대사에는 수정사(水精社)가 창건되었고, 고령의 미숭산에는 반룡사(盤龍社)가 세워졌으며, 남해 고성에는 수암사(水嵒寺)가 건립되었다. 이들 결사는 교종불교와 관련이 있었지만, 실제 염불을 통한 정토신앙과 함께 선 수행을 강조하였다.

고려 중기 이후 불교는 화엄종·법상종·천태종 등 교종불교를 중심으로 성행하였다. 이들 종단은 왕실의 외척이나 주요 정치세력인 문벌귀족의 뒷받침을 받으며 번성하였다. 그러나 1170년(의종 24) 정중부가 무신란을 일으키자 문인귀족과 연결된 교종불교는 무신세력에 의해서 비판을 받게 되었다. 특히 1196년(명종 26) 이후 최충헌이 정권을 장악하면서 대대적인 불교계의 개편이 추진되었다. 문신귀족과 결탁된 사원은 막대한 경제력을 갖추었으며 고려 사회에 강력한 영향력을 행사하였다. 무신들의 집권은 문신귀족의 몰락과 함께 사원을 비호하던 왕실 권위를 추락시켰으며, 사원세력은 큰 타격을 받을 수밖에 없었다. 무인정권은 막대한 경제적 기반과 인적 자원을 가졌던 교종사찰을 자신의 것으로 만들려고 하였다. 무인정권시기에 교종세력은 점차 몰락하였고 선종불교는 차츰 활기를 찾아갔다.

12세기 후반 불교계의 신앙결사는 불교계에 대한 개혁운동으로 다양하게 전개되었다. 그것은 개경 중심 불교계의 타락상과 모순에 대한 비판운동으로써 지방불교적인 새로운 경향을 지녔다. 이 때 지눌은 불교 개혁운동을 주도하였다. 무인정권의 집권자들은 점차 이 선종 중심의 결사에 관심을 보이며 후원하였고, 무인정권에서 성장한 문인들도 불교의 결사운동에 참여하였다.

조계종을 일으킨 지눌과 송광사

선암사에서 서쪽으로 조계산을 넘으면 우리나라 삼보사찰 중의 하나인 승보사찰 송광사에 이른다. 송광사와 선암사는 사적 및 명승 제8호로 지정된 조계산에 위치하고 있다.

순천시 송광면 신평리에 있는 송광사는 신라 말 혜린이 길상사로 창건한 것을 보조국사 지눌이 중창하면서 송광사로 바꿔 불렀던 곳이다. 이후 몇 차례 중수를 거듭하였으며, 최근에 복원된 경내에는 16국사의 영정을 봉안한 국사전을 비롯하여 고려 고종의 제서(制書) 등 국보급 문화재와 각종 경전, 장소류 등이 남아 있다.

1158년(의종 12)에 황해도 서흥에서 태어난 지눌은 1173년(명종 3) 굴산문 승려 종휘에게 출가하였다. 그는 담양군 창평의 청원사에 머물며 남종선을 일으킨 혜능의 ≪육조단경≫을 탐독하였고, 1185년에는 보문사에 주석하면서 이통현의 ≪화엄론≫을 읽어 화엄의 대략적인 요지를 파악하였다. 1182년에는 개경 보

1920년대 송광사 전경

제사에서 개최된 법회에 참석하여 동학 10여 명과 함께 세속의 모든 명성과 이익을 버리고 산림에 은거하여 결사를 맺으려고 약속하였다. 마침내 1190년 지눌은 거조사에 머물면서 뜻을 함께 하였던 사람들을 모아 '정혜결사문(定慧結社文)'을 반포하여 불교 결사인 정혜사를 결성하였다. 그 뒤 거조사가 너무 비좁아 여러 사람을 수용하기 어렵게 되자 폐사를 찾아 길상사를 세웠고, 1200년(신종 3)에 정혜사로 옮겼다. 이때 주변에 또 다른 정혜사가 있었으므로 1205년 정혜사를 수선사(修禪社)로 바꾸어 불렀다.

지눌은 고려 초에 제기되었던 교선일치사상을 계승하였다. 특히 현휘에 의해서 추구되었던 선종 중심으로 교종불교를 아우르려는 사상 경향에 익숙하였다. 그는 선 수행과 함께 지혜를 갖추는 정혜쌍수(定慧雙修)와 돈오점수(頓悟漸修)를 주장하였다. 우선 깨닫고 난 뒤에 수양을 하려는 돈오점수는 자기의 본성을 바로보아 참된 깨달음을 얻으려는 선종사상을 담고 있지만 초발심의 깨침을 중시하고 그 다음에 점차 수양하는 화엄사상과도 통하였다. 지눌은 의상의 화엄사상을 계승한 균여 화엄사상을 받아들였다. 그래서 선의 순수성을 내세우며 일시에 깨달아 말이나 의식의 구별이 없어지고 시간마저 없어져 마침내 한 마음의 근원을 화두로 깨닫는 간화선(看話禪)을 중시하였고, 일상심 속에서 선을 발견하도록 하였다.

수선사는 지눌의 문도인 수우와 곽조, 천진 등이 1197년부터 8년 동안 건립하였는데, 전각을 제외한 요사가 80여 칸에 이르는 큰 규모였다. 수선사 중창에는 당시 수선사 주변 토호세력이 깊이 관여하였다. 문벌귀족들에 대해 불만을 가지며 서서히 성장한 지방사회의 향리층은 물론, 이들과 이해가 일치하는 신흥독서층은 문벌귀족과 결탁된 불교계를 비판하면서 신앙결사에 참여하였다. 그러나 수선사는 최우가 정권을 잡자 더욱 무인정권과 밀착되어 나갔으며, 그 관계는 수선사 제2세 사주인 혜심(慧諶)에 의해서 유지되었다.

혜심 당시 수선사의 재정은 수입이 무려 4,700석에 이를 정도로 큰 규모였다. 최우는 수선사에 왕과 함께 어머니와 동생의 명복을 빌기 위해 재단의 일종인 보(寶)를 설행하고 토지를 시납하였다. 수선사는 최충헌 집권 말기부

송광사 고려문서 국보 제43호로 지정된 문서는 1216년(고종 3) 고종이 조계산 제2세 진각국사 혜심에게 대선사의 호를 하사한 제서이다. 비단 7장을 이어서 만든 두루마리의 문서는 현재 보존상태는 좋지 않으나 고려시대 승려에게 하사한 몇 점 되지 않는 중요한 예이다.

송광사 국사전 전경 국보 제56호로 지정된 국사전은 1369년(공민왕 18)에 건립되었으며, 하사당과 함께 소박하고 아담한 주심포 형식의 조선 초기 건축 구조를 보여주는 대표적인 예이다.

터 최우 집권까지 최씨무인정권의 적극적인 후원에 힘입어 대규모의 경제력을 갖춘 대사원으로 변모하였고, 1245년에는 최우의 원찰로 강화도에 선원사(禪源社)와 같은 분사(分社)를 두었으며, 두 아들인 만종(萬宗)과 만전(萬全)은 혜심의 제자가 되었다.

혜심 이후에도 수선사는 무인정권과 친밀한 관계를 유지하였다. 제4세·제5세 사주인 혼원과 천영에 이르러 수선사의 사원 세력 규모는 절정에 이르렀다. 그러나 최씨무인정권이 몰락한 1258년(고종 45) 이후 일연 계통의 가지산문이 크게 일어나면서 수선사는 점차 위세를 잃어갔다. 다만 혜심이 지눌의 간화선사상을 계승하면서도 유교와 불교의 공통점을 제시하려는 불유동원(佛儒同源)사상을 가졌기에 최씨무인정권에서 활동하였던 문인들과 긴밀한 관계를 가지며 명맥을 유지할 수 있었다.

교선일치를 재정립한 고려 불교

무신란 이후 불교계의 신앙결사운동은 수선사 성립에 영향을 주었으며, 수선사 결사운동은 백련사(白蓮社) 결사운동을 이끌었다. 백련사를 건립한 요세(了世)는 원래 천태종의 종지를 내세웠지만 지눌에게 나아가 수선사 결사에 참여하며 점차 교선일치

송광사 국사전 16조사 진영
지눌을 비롯하여 송광사에서 활동한 16명 고승의 초상화이다. 조선 중기에 같은 화가에 의해 그려진 영정으로 지눌을 중심으로 왼쪽에 7명, 오른쪽에 8명이 모셔져 있다.

사상에 관심을 가졌다. 그의 사상은 의천의 천태사상을 계승하면서도 수선사보다도 강한 선사상을 드러냈다.

백련사의 결사운동도 무인정권이나 그들과 연관된 문인관료와 연결되어 이루어졌다. 원과의 항쟁 속에서 무인정권이 몰락하자 백련사는 변화하였다. 분사인 묘련사(妙蓮社)는 친원세력과 연관되어 세워졌다. 그러나 수선사가 몰락하자 점차 사세가 쇠퇴해졌고, 지눌의 조계종은 일연을 중심으로 한 굴산문과 밀착되었다가 가지산문과 연결되었다.

일연 이후 조계종은 굴산문을 계승할 뿐 아니라 가지산문의 법맥도 아우르고자 노력했다. 그런 까닭에 고려 말의 승려 나옹은 굴산문의 법맥을 계승하였지만 그의 제자인 태고는 가지산문

송광사 보조국사감로탑과 보조국사비 감로탑은 지눌의 사리를 모신 승탑으로 1213년(강종 2)에 세워졌다. 현재 맨 아래 바닥돌을 제외하고는 대부분 원형을 간직하고 있다. 송광사 경내에 있는 보조국사비는 1210년(희종 6)에 처음 세워졌다가 1678년(숙종 4)에 다시 건립되었으며 귀부와 이수가 조각이 서투르고 형식적이다.

의 법통을 이었다. 나옹과 그의 제자들은 화두를 통해 깨달음을 얻으려는 간화선을 중시했으며, 불교와 유교의 근본이 다르지 않다는 불유동일설(佛儒同一說)을 내세웠다.

*** 자세히 들여다보기

　채상식,〈고려후기 불교사의 전개양상과 그 경향〉《역사교육》35, 1984
　진성규,〈고려후기 수선사의 결사운동〉《한국학보》36, 1984
　김두진,〈고려후기 사원세력과 송광사〉《순천시사》정치·사회편, 순천시, 1997

고려 말 왜구를 격퇴한 황산대첩

왜구의 출현

왜구는 신라 초기부터 동·남해안 지역을 습격하여 식량을 약탈하고 사람들을 죽이고 달아났다. 고려시대에도 왜구들은 해안에 상륙하여 약탈과 살육을 계속 자행하였고, 원의 내정간섭을 받았던 시기에도 해안 일대에 출몰하며 고려를 곤경에 몰아놓았다. 특히 충정왕대(1349~1351) 왜구는 본격적으로 고려를 괴롭혔다.

고려는 무인정권이 등장한 뒤 군제나 군지휘체계는 사실상 붕괴되었다. 이후 원의 내정간섭을 받으며 지방 통제를 회복하지 못하였다. 지방군의 역할은 무력해지고 원이 설치하도록 인정한 만호부(萬戶府)만이 겨우 지방군의 역할을 대신하였다. 1274년(원종 15)과 1281년(충렬왕 7)에 고려와 원은 연합군을 편제하여 일본을 정벌하고자 하였다. 일본 원정은 높은 풍랑으로 전함이 침몰하면서 실패로 끝났지만 일본에 큰 영향을 미쳤다.

일본 막부정권과 왜구의 형성

가마쿠라(鎌倉)막부(1185~1333) 성립 후 약 100년 동안 유지되었던 일본의 정치적 안정은 14세기에 들어 차츰 혼란을 맞게 되었다. 1331년 고다이고(後醍醐)천황이 일으킨 반란은 반(反)호죠(北條)세력의 결집을 가져왔다. 1335년 반대 세력의 실세를

왜구 침입 경로

장악하였던 아시카가 다카우지(足利尊)는 고다이고 천황에게 반발하여 스스로 막부를 만들었다. 일본 정국은 아시카가가 옹립한 코묘(光明) 천왕과 고다이고 천황을 중심으로 분열되어 결국 남북조 두 정권이 형성되었다. 이 때부터 아시카가 정권에 의해 남조가 흡수된 1392년까지 약 60여 년 동안 막부의 통제력은 크게 약화되었다. 막부의 통제력이 미치지 않던 지방에는 낭인(浪人)과 해적이 크게 일어났다.

고려와 일본 모두 중앙정부의 지방 통제력이 약해져 지방행정에 공백이 생겼다. 이 틈을 타서 사회경제적 변화에 적응하지 못한 무리들이 해적으로 변모하여 고려를 침략하기 시작하였다.

이들은 일본 막부정권의 통제 밖에서 해적질을 일삼았기에 '왜구(倭寇)'·'왜노(倭奴)'·'해적' 등으로 불렸다. 왜구는 쓰시마〔對馬島〕·이키〔壹岐〕·마츠우라〔松浦〕·하카타〔博多〕·시모노세키〔下關〕 등을 거점으로 고려와 중국 연안을 빈번하게 침략하였다.

왜구는 사회적 불안에 따라 우발적으로 형성되었지만 배후의 특정세력이 있었기에 점차 상당수의 배와 전투능력을 갖춘 해적 집단으로 변모하였다. 대마도의 소우〔宗〕씨와 이키의 시가〔志左〕씨 등의 토호세력은 왜구를 조종하였다. 토호세력의 비호를 받은 왜구는 한 번에 많게는 400여 척, 적게는 20여 척의 배로 최소한 400여 명 이상이 고려의 해안에 침입해 들어왔다.

이성계와 황산대첩

왜구는 공민왕대와 우왕대 대략 490여 차례 침입하였는데, 특히 우왕대에만 380여 차례나 된다. 왜구 침입의 피해는 전국적으로 확대되었으며 백성들 뿐만 아니라 중앙정부도 재정적인 피해를 감수해야 했다. 연해 지역의 경우 행정 중심지가 내륙으로 옮겨지거나 마을 자체가 없어지는 경우도 발생하였다. 순천의 낙안은 왜구의 침략으로 백성들이 모두 도망가고 들판이 쑥대밭으로 변하기도 하는 등 왜구에 대한 방어는 고려의 최대 관심사였다.

고려 말 왜구는 목포에서 동래에 이르는 남해안 전 지역은 물론 서산에서 목포에 이르는 서해안 일대, 강릉에서 동래까지의 동해안 일대에 침입하였다. 그들의 일부는 서해안을 따라 서경과 선주를 공략하거나 동해안을 북상하여 통주와 길주까지 진출

황산대첩비 전경

함으로써 고려의 해안은 왜구의 침입을 받지 않은 곳이 없을 정도였다. 이들은 강이나 교통로를 따라 내륙으로 진출하기도 하였다. 고려는 내륙의 곳곳에서 이들과 접전을 벌였다. 서해안에 상륙한 왜구는 홍산과 진포에서, 남해안에 상륙한 왜구는 운봉과 관음포에서, 동해안에 상륙한 왜구는 동경과 울진, 명주 등지에서 고려군에 의해 진압되었다.

남원시 운봉읍 화수리에는 1380년(우왕 6) 9월 이성계가 지리산 근방 황산에서 왜구를 격퇴시킨 싸움을 기념하여 세운 황산대첩비가 있다. 1376년 홍산싸움에서 최영에게 크게 패한 왜구는 1378년 5월 지리산 방면으로 다시 침입하였고, 1380년 8월에는 진포에 5백여 척 함선을 이끌고 침입하여 충청·전라·경상 3도의 연해 지역을 약탈·살육하였다. 이 때 원수 나세(羅世)·최무선(崔茂宣) 등이 화통·화포로써 왜선을 격파하고 불태워버

어휘각 이성계가 황산대첩의 승전을 기리고자 자신과 다른 장수의 이름을 새겨 놓았던 곳이다. 현재 바위의 글씨는 일제에 의해 훼손되어 알 수 없는 상태이다.

리자 퇴로를 잃은 왜적은 내륙 곳곳에서 더욱 발악하였다.

고려 조정은 왜구를 토벌하기 위해 이성계를 양광·전라·경상도순찰사로 임명하고 방어 책임을 맡겼다. 왜구는 함양·운봉 등의 험난한 지형을 택해 지리산과 섬진강·남강을 따라 동서로 옮겨 다녔다. 이성계는 군사를 이끌고 남원에서 배극렴(裵克廉) 등과 합류하여 각 부서를 정비한 뒤 운봉을 넘어 황산 북서쪽으로 진출하였고, 이 때 왜구와 충돌하였다. 왜구가 산에 의지하여 소극적으로 대항하면서 이성계는 고전에 빠졌으나, 이를 무릅쓰고 군사를 격려하여 마침내 왜구를 크게 무찔렀다.

황산대첩은 최영의 홍산대첩과 더불어 왜구 격파에서 가장 중요한 싸움이었다. 이를 계기로 왜구의 제멋대로 날뛰던 기세는 차츰 쇠퇴해졌다. 1577년(선조 10)에 이성계의 왜구 섬멸을 기

고려의 지배세력과 불교 혁신 ……… 93

황산을 거쳐 운봉으로 흐르는 남천의 모습

넘하기 위해 지금의 자리에 황산대첩비를 세웠다. 그 뒤 비는 일제에 의해 파괴되었다가 1957년에 다시 건립되었다. 지금은 황산대첩비각을 조성하여 그 안에 부서진 원래의 기념비 잔해와 재건된 비석을 함께 안치하였다. 황산대첩비 부근 남천에는 왜장 아지발도(阿只拔都)가 이성계가 쏜 화살에 맞아 죽을 때 흘렸다는 핏물이 말라붙은 피바위가 있다.

*** 자세히 들여다보기

  손홍렬, 〈고려 말기의 왜구〉《사학지》9, 1975

  나종우, 〈고려 말기의 여일관계-왜구를 중심으로〉《전북사학》4, 1980

  차용걸, 〈고려 말 왜구방수책으로서의 진수와 축성〉《사학연구》38, 1984

임진왜란의 격전지와 자취

남원성 전투와 만인의총

정유재란의 발발

　일본군은 명나라와의 강화교섭이 결렬되자, 1597년 초부터 다시 조선에 대한 대규모 공세를 준비하였다. '정유재란'의 서막이 오르기 시작한 것이다. 이때 일본은 본국에서 육군 11만 5천 명과 수군 7천 2백 명을 추가로 급파하여, 당시 조선에 잔류하고 있던 2만 명을 포함해 약 14만 명의 병력을 보유하였다. 그러나 조선군은 도원수 권율이 성주~김천간에서 일본군의 북상에 대비하고 있었으며, 경상우병사 김응서가 이끄는 군대가 일본군의 길목을 막기 위해 의령에 배치되어 있는 정도였다. 그리고 명나라 군사는 강화교섭이 진행되면서 모든 병력이 철수된 상태였다.

　1597년 1월 14일 가토 기오마사〔加藤淸正〕가 지휘하는 군사가 부산에 상륙한 후 양산을 거쳐 울산 서생포에 집결하였다. 이어서 고니시〔小西〕가 이끄는 2군이 웅천으로 상륙하여 북진할 태세였다. 가토군과 고니시군이 거점을 확보한 후, 7월 8일 후속부대가 경상도 남해안 지역으로 상륙하여, 당시 조선에 잔류하고

복원된 남원성 전경

있던 일본군과 합류하였다. 이후 일본군은 전주를 목표로 좌우군으로 나누어 진격을 시작하였다.

남원성 전투와 만인의총

일본군의 좌군이 구례를 점령할 무렵, 남원에서는 명나라의 부총병 양원의 지휘하에 조·명 연합군이 합동으로 성을 방어하고 있었다. 구례에서 남원으로 진출하기 시작한 일본군은 그 부대를 좌우 2개 대로 나누어 각각 남원성 서쪽과 동북쪽 외곽에 진영을 설치하고 13일부터 남원성 외곽을 포위하며 조총사격을 가하여 왔다.

1597년 7월 16일 일본군의 총공세가 개시되었다. 이때 일본군은 남원성 동남쪽에 누거(樓車)를 세워 놓고 성안을 굽어보며 조총사격을 가하여 방어군의 주의를 집중시키는 사이에, 또 다른 병력은 성밖으로 둘러서 판 못을 메우고 성벽을 기어올라 성안으로 몰려 들어갔다. 그리하여 이날 밤 마침내 일본군은 명군이 지키고 있던 남원성 남문과 서문을 돌파한데 이어서 동문을 점령하고 북문을 방어하는 조선군 진영을 포위하였다. 조선군은 최후 일전을 맞이한 순간이었다. 이때 북문을 수비하고 있던 전라병사 이복남, 방어사 오응정, 조방장 김경로, 구례현감 이원춘 등은 모두 화약고에 불을 지르고 그 속으로 뛰어들어 장렬하게 순국하였다.

만인의총

　남원시 향교동에는 만인의총이 조성되어 남원성 전투에서 순국한 많은 군사들의 넋을 위로하고 있다. 만인의총은 이름모를 조선과 명나라 군사의 합동묘소로써, 임진왜란 후 전사한 사람들의 시신을 한 곳에 합장하여 조성되었다. 현재 만인의총은 1964년에 이전하여 정화한 곳으로 만인의총 앞에 충렬사가 있다.

　이렇게 남원성 전투에서 승전한 일본군은 이후 전주를 쉽게 함락시켰다. 당시 전주부윤 박경신과 유격장 진우충이 남원성의 함락소식을 전해 듣고 이미 공주로 달아났기 때문이었다. 일본군 좌군이 남원성을 함락할 즈음, 우군은 황석산성을 공격한 뒤 전주에 이르렀다. 또한 우군의 일부로 거창에서 나누어진 별군도 운봉으로 진출하여 장수·번암·철천 등지를 거쳐 전주에서

충렬사 1612년(광해군 4) 남원성 전투에서 순절한 정기원·이복남·오응정·김경로·신호·임현·이덕회·이원춘 등 여덟 충신을 기리기 위해서 건립하였다. 지금의 건물은 남원역 부근에 있던 것을 1964년 현재의 위치로 옮긴 것이다.

본대와 합류하였다. 전주에 집결한 일본군은 전라도의 장악과 해로 차단을 위해 다시 좌·우군으로 나누었다. 우군은 진격을 계속해서 충청도를 장악하려는 계획을 세웠고, 좌군은 전라도 장악에 주력하면서 해로를 차단하도록 하였다.

전주에서 합류한 일본군 가운데 일부는 공주를 거쳐 진천에 이르렀고, 좌군의 일부인 구로다〔黑田〕군은 직산에 이르러, 당시 남하하던 명나라 양호 휘하의 부총병 해생(解生) 등과 9월 5일 충돌하였다. 이 전투에서 일본군은 대패하여 북상을 중단하였다. 거의 같은 시기 일본의 수군은 명량해전에서 참패함으로써 서진(西進)도 봉쇄되었다.

*** 자세히 들여다보기

   국방부전사편찬위원회, ≪임진왜란사≫, 1987

   국립진주박물관, ≪새롭게 다시보는 임진왜란≫, 1999

일본이 쌓은 순천의 왜교성

일본군의 왜성 축성

임진왜란이 발발한 지 일년 후 명나라와 일본 사이에 강화교섭이 진행되면서, 일본군은 경상도 연안에 퇴각하여 방어 전략을 구축하고 있었다. 이때 일본군은 자신들의 주둔을 위해 왜성을 축성하였으며, 그 결과 약 24개의 왜성이 주로 한반도 남단 해안가에 위치하였다. 왜성을 해안가에 축성한 이유는 일본으로부터 보급되는 물자를 육지로 운반하기 위한 항만을 확보하기 위한 것과 이순신이 이끄는 조선 수군에게 정박지가 될 수 있는 좋은 항구를 주지 않으려는 의도에서 였다.

현존하는 왜성은 임진왜란 당시에 축성한 양산의 서생포·임랑포, 기장, 부산포, 구포, 가덕도, 장문포, 안골포, 웅천 왜성과 정유재란 때 축성한 경상도 울산과 양산·마산·사천과 전라도 순천의 왜성 등이 있다.

순천 왜교성

이들 왜성은 우리측 성곽과 비교해 몇 가지 특징을 나타내고 있다. 먼저 우리측 성곽이 평지성과 산성이라면 왜성은 두 가지가 혼합된 평산성(平山城)의 모습이며, 규모면에서도 왜성은 항구를 볼 수 있

순천 왜교성, 최후 전투도 '임진정왜도'로 불리는 그림으로 명나라의 종군화가가 그렸다. 순천왜교성과 광양만 일대에서 벌어진 조·명연합군과 왜군 사이의 최후 60일 간의 전투 상황을 그대로 묘사한 기록화이다.

는 산정상의 돌출부에 작은 규모로 축성된 데 비해, 우리측 성곽은 완만하게 이어진 넓은 산능선을 따라 넓게 울타리 치듯 축성되었다. 이밖에도 왜성은 크고 작은 돌로 조합하여 축성하므로 약 70° 각도로 경사졌으며, 주성곽을 중심으로 겹겹이 성곽을 축성하였다. 이에 비해 우리측 성곽은 평평한 돌을 어울려서 쌓기 때문에 수직이며, 기본적인 성벽을 한 겹으로 쌓으면서 성안의 자연지형을 이용하되 내부에 별도로 축성하지는 않았다. 또한 왜성은 성내에 가장 높은 자리에 덴슈카쿠〔天守閣〕혹은 혼마루〔本丸〕라는 총지휘소와 같은 망루를 설치한데 비해 우리측은 총지휘소의 일정한 원칙이 없던 점도 차이라 하겠다.

순천 왜교성 전투

현재 왜성은 대부분 경상도 남해안 일대를 중심으로 분포되고 있으며, 전라도의 경우 순천 왜교성이 유일하게 전한다. 순천 왜교성은 신성리 왜성, 순천왜성 혹은 예교성(曳橋城)이라고도 하며, 1597년 9월부터 11월말까지 약 3개월 간에 걸쳐 고니시의 주도하에 축성되었다. 축성 후 고니시는 성 안에 군량과 탄약을 비축하고 1만 3천여 명의 군사와 작고 큰 전선 500여 척을 보유하고 있었으며, 이 선박들은 성 북쪽에 정박하고 있었다.

고니시가 이곳 왜성을 수비할 당시의 전황은 도요토미의 죽음을 알고 조·명연합군이 총공세로 일본군을 밀어붙이던 중에 강화를 원하던 명나라에서 조선군에게 전투를 중지하게 함으로써 큰 교전이 없던 상황이었다. 그러나 고니시는 퇴각할 해로가 차단되었고, 타고 돌아갈 군선조차 없는 상황이었다.

임진정왜도의 일부, 왜교성 안의 천수각

1598년 7월 명나라의 경략 형개(刑玠)가 서울에 당도하면서, 명군은 조선군과 함께 울산성에 주둔하고 있는 가토군을 공격목표로 한 동로군과 사천성의 시마츠[島津]군을 공격목표로 한 중로군, 순천 왜교성의 고니시군을 공격 목표로 한 서로군을 편성하여 동시에 남진하였다. 이와 함께 진린이 이끄는 명나라 수군과 이순신의 조선 수군을 하나로 묶어서 수로군을 편성한 다음 순천으로 함께 공격하도록 작전을 수립하였다.

서로군의 제독 유정은 8월 대군을 거느리고 서울을 출발하여

임진정왜도의 일부, 왜교성을 공격하는 조·명 연합군

수원·전주 등을 경유하면서 순천 왜교성을 공격하고자 하였다. 9월 19일 유정은 도원수 권율과 전라병사 이광악 등이 이끄는 1만여 명의 조선 군사를 포함, 약 3만 6천여 명의 병력으로 순천 왜교성 공격을 서두르고 있었다. 1598년 7월 16일 고금도에서 명나라 진린이 이끄는 수군과 이순신 휘하의 조선 수군이 합세하였다. 조·명 연합함대는 같은 달 24일 절이도 해전에서 적선 6척을 격파하고 적병 69명을 살육하는 전과를 올렸다. 그후 9월 하순 조·명 연합수군은 조·명 연합육군과 연합전선을 구축하여, 9월 20일 대대적으로 순천 왜교성에 대해 공격을 감행하였다. 이후 약 2개월에 걸쳐 진행된 이 전투는 11월 19일 노량해전의 대승을 마지막 전투로 하여 끝을 맺게 되었다.

순천 왜교성 전투는 임진왜란 최후의 전투이면서 수륙합동작전으로 펼쳐진 정유재란 최대의 격전이었다. 이 전투의 대승으로 임진년부터 시작된 7년 전쟁은 종식되었다.

*** 자세히 들여다보기
　허선도,〈순천(승주) 왜교성(신성리성)고 ; 명칭과 해설의 잘못을 바로잡음〉≪진단학보≫71·72 합, 1991
　조원래,〈정유재란과 순천 왜교성 전투〉≪아시아문화≫12, 한림대, 1996

조선 후기 서민문화와 전통가옥

광한루와 춘향전

춘향전의 무대 광한루

 남원에는 한국판 로맨스의 대명사 춘향전의 무대인 광한루가 자리하고 있다. 광한루는 조선의 명재상 황희가 처음 세웠다고 하는데, 현재의 것은 1626년(인조 14)에 다시 개축한 것이다. 원래 이름은 광통루(廣通樓)였으나 정인지가 그 수려한 경치에 감탄해 전설상의 달나라 궁궐 〈광한청허부〉와 닮았다고 하여 광한루라 고쳐 불렀다. 광한루는 사적지의 의미보다 춘향과 몽룡의 사랑이 싹텄던 장소로 더 많이 알려져 있다. 발길이 닿는 광한루 곳곳마다 춘향과 몽룡의 사랑 이야기가 피어나지 않는 곳이 없다.

 1461년(세조 7) 만들어진 오작교는 춘향과 몽룡이 사랑을 맹세한 곳으로 유명하다. 1582년(선조 15)에는 정철이 봉래섬, 영주섬, 방장섬의 삼신도를 만들었다. 우주를 상징하는 광한루 삼신도, 견우와 직녀의 사랑을 연결하는 다리인 오작교는 춘향과 몽룡의 사랑을 잇는다. 봉래섬의 백일홍, 방장섬의 대나무, 영주섬의 영주각은 당시 만들어진 것이다. 광한루 주변에는 춘향전과 관련된 장소들이 많이 있다. 춘향이 몽룡과 이별했던 오리정,

광한루와 오작교

슬픔을 이기지 못하고 버선을 던져 버렸다는 곳, 그 이름도 버선밭이다. 춘향의 눈물로 이루어진 눈물방죽, 옛날 번창했던 주막을 연상케 하는 월매집 등이 있다.

국문소설의 유행과 춘향전

    춘향전과 같은 국문소설은 조선 후기 사회경제적 발달로 부를 쌓은 서민층이 자신들의 문화를 향유하려는 노력의 산물이었다. 국문소설은 이미 17세기 경부터 부녀자를 중심으로 넓게 보급되어, 양반 사대부 여성들의 교양과 취미로 제공되었다. 이런 것이 18세기 이후가 되면서 도덕소설(흥부전, 심청전), 군담소설(軍

'호남제일루' 광한루 광한루는 동쪽에 온돌방을 설치한 누각이 잇닿아 있고 뒤편에 누각에 오르기 위해 만든 회랑식 계단이 설치되어 있다. 회랑식 계단은 현재까지 남아 있는 누각 가운데 유일하다.

談: 임진왜란과 병자호란 때 활약한 인물들의 활동상을 소설화한 것, 임진록, 박부인전, 임경업전), 애정소설(옥루몽, 숙향전, 춘향전) 등이 유행하면서 일부가 판소리화하였다.

춘향전은 판소리 12마당의 하나로, 18세기 후반에 형성된 작품으로 추정된다. 춘향전은 처음 판소리로 만들어졌다가, 나중에 소설로 정착된 작품이다. 판소리 춘향전은 서민대중들과 함께 광대(廣大)에 의하여 불렸는데, 이 과정에서 이전부터 유행하던 암행어사설화 · 염정(艶情)설화 등이 혼합되어 소설화된 것으로 추정된다.

춘향전은 남원부사의 아들 이몽룡과 퇴기 월매의 외동딸 춘향이 서로 사랑에 빠졌을 때 이도령의 아버지가 서울로 옮기게 되

'만고열녀 춘향전' 표지

어 두 사람은 이별의 쓰라림을 맛보게 된다. 이때 새로 부임한 남원부사 변학도는 수청을 들지 않는다는 이유로 춘향을 옥에 가두고 고초를 받게 하여 사경에 빠뜨린다. 서울로 간 이몽룡은 과거에 급제하여 암행어사가 되어 내려온다. 부사의 생일 잔칫날 각 읍의 수령들이 모인 자리에서 통쾌하게 어사출두하여 부사를 파직시키고 춘향을 구해 백년을 해로한다는 이야기이다. 남원 광한루가 어떻게 소설의 배경으로 되었는지 그 이유는 자세히 알 수 없다.

춘향전 등의 국문소설은 하급신분의 숨김없는 감정이나 사회적 불만을 노골적으로 표현하고 있다. 곧 춘향과 이몽룡의 신분을 초월한 사랑, 특권계급의 횡포를 대표하는 변학도와 이에 대한 서민 대중들의 저항, 특히 수청요구에 대해 "충효열녀에 상하 있소"라는 춘향의 항변 등은 상민이나 천인도 양반과 동등한 인격의 소유자임을 드러낸 것이다. 춘향전은 근대 원각사(圓覺社) 이후에 창극(唱劇)이 되었으며, 그 뒤에 희곡·영화·시나리오·뮤지컬·오페라의 대본 등 다양한 장르를 거쳐왔다.

*** 자세히 들여다보기
　김동욱, 〈춘향전의 비교적 연구〉 ≪아세아연구≫3권 1호, 고려대, 1960
　정하영, ≪춘향전의 탐구≫, 집문당, 2003

동편제 판소리의 성립과 계승

서민층의 성장과 판소리의 대두

17세기 후반 이후 농업을 비롯한 산업 분야의 발전으로 서민층은 상당히 성장하였다. 물론 서민층 가운데 경제적으로 몰락하는 자가 상당수 있었지만, 일부는 착실하게 재산을 모아 큰 자본을 가진 상인도 있고 상공업자도 있으며 광작농을 위주로 한 역농층(力農層)도 있었다. 그들은 이러한 경제력을 가지고 사회적으로 신분상승을 꾀하였고, 자신들의 문화를 성장·발달시켰다. 이를 양반 중심의 유교문화와 대비하여 서민문화라 부를 수 있다.

서민문화에는 서민의 실제생활의 체취와 애환을 담은 풍속화, 광대놀이, 사설시조, 민간소설, 판소리, 그리고 각종 민속놀이가 있다. 이 가운데 판소리는 조선 후기에 들어와 새로이 발달한 문학의 한 장르로 대표적인 서민문화이다. 판소리란 한 사람의 창자(唱者: 노래꾼)가 북치는 고수의 장단에 맞추어 긴 이야기를 소리(창, 노래)와 아니리(백, 말)로 엮으면서 발림(몸짓)을 곁들여 입으로 하는 종합적인 예술이다.

판소리가 누구에 의해 처음으로 만들어졌는지 알 수 없으나, 그것을 정리한 인물은 신재효(철종~고종 때 인물)였다. 영조대 시인 유진한(柳振漢)이 남긴 《만화집(晩華集)》에, 그가 1754년(영조 30)경 호남지방을 유람하면서 보고 들은 판소리 〈춘향가〉를 한시로 번역해 실어 놓고 있는 것을 보면 적어도 영조 연간인 18세기 중엽에는 이 판소리가 공연되고 있었음을 알 수 있다.

따라서 그 출현시기는 숙종 연간, 즉 18세기 초로 추정해 볼 수 있다.

판소리는 18세기에 성립하여 19세기에 본격적으로 발달한 것으로, 조선 후기 서민세력 성장의 상징적 표현이며 동시에 그 서민세력이 가진 문화적 역량을 총결집한 것이었다. 이 점은 판소리의 형식은 물론이고 내용에서 강하게 드러나고 있다. 〈춘향가〉에서 춘향이 어사의 정실부인이 된다든지, 〈심청가〉에서는 심청이 황후가 되고, 심봉사가 왕의 장인이 되는 등 서민으로서 바랄 수 없는 신분상승이 작품 속에서 이루어지고 있다.

판소리에는 또한 봉건적 윤리의식과 가치체계를 부정하는 사회비판의식이 나타나고 있다. 〈별주부전〉으로도 알려진 〈토별가〉에서는 지배층의 무능과 모순된 정치현실에 대한 풍자가 나타나며, 〈흥부전〉에서 빈부양극화 현상의 심화, 신분제의 동요, 상품화폐경제의 발달, 지배층의 부패와 유랑배의 폐해 등 당시 사회상이 반영되어 있다.

판소리의 분화와 동편제

판소리는 지역적 특성과 전승 계보에 따라 파를 달리하였다. 한때 영화로 제작되어 흥행에 성공하면서, 우리 사회에 전통문화에 대한 관심을 환기시켰던 서편제 역시 한 분파이다. 판소리는 크게 동편제·서편제·중고제로 구분된다.

동편제는 전라도 남원·구례·순창·흥덕 등지의 전라도 동북지역을 중심으로 전승된 소리제이고, 서편제는 전라도 보성·광주·나주 등 서남지역에 전승된 것이며, 중고제란 경기도와

비전마을 동편제 텃자리의 송흥록 동상

충청도 지역에 전승된 것이다.

　동편제는 서편제와 비교해 발성을 무겁게 하고, 소리의 꼬리를 짧게 끊으며 웅장한 시김새(전통음악에서 선율을 이루는 골격음의 앞이나 뒤에서 그 음을 꾸며주는 장식음이나 음길이가 짧은 잔가락을 말한다)로 짜여져 있는 것이 특징이다. 이러한 특성은 동편제가 널리 전승되는 지역과 관련된다. 곧 동편제의 중심은 지리산 자락으로, 지리산의 품안에 있는 계곡과 폭포수 곳곳이 모두 소리공부터였기에 웅장하고 선이 굵은 남성적인 소리가 나온 것이다.

　송흥록에서 비롯된 동편제 소리는 이후 ① 송흥록—박만순계, ② 송흥록—송광록계, ③ 김세종계, ④ 정춘풍—박기홍계 등 크게 네 계파로 나뉘어 발전하였다. 그러나 최근까지 전승되는 계열은 송흥록—송광록 계열이며, 김세종계의 춘향가가 일부 명창들에 의해 불려지고 있다. 구례군 구례읍 백련리에 세워진 동편

조선 후기 서민문화와 전통가옥

제전수관은 송흥록—송광록계를 이은 송만갑의 출생지에 2000년 11월 개관한 것이다.

송만갑은 가문의 소리를 답습하지 않고 새로운 소리 양식을 찾으려 했던 창조적인 소리꾼으로 평가된다. 그는 식자 취향으로 전래되던 동편제 소리를 따르지 않고 대중화를 모색하였다. 곧, 판소리가 주로 양반집 잔치 마당의 놀음에서 대중들을 대상으로 한 흥행으로 변모해가는 시점에서, 가문의 전통을 깨트렸다는 비난을 무릅써가며 대중성과 예술성을 조화하는 판소리 세계를 구축하였다.

한편 동편제는 성립 이후 지역적으로 경상도 서부인 마산이나 진주지역까지 확산되었다. 근세의 명창 유성준은 순천·하동·진주 등지에서 활동하며 제자를 양성하였다. 이선유 또한 진주에서 주로 활동했고, 박중근도 마산과 진주 등지에서 활동했으며, 동편제 소리를 전승하였다. 이것은 지리산을 가운데 두고 동쪽과 서쪽이 동편제의 본거지로 자리잡고 있음을 확인하게 하는 대목이다.

*** 자세히 들여다보기
  한국향토사연구전국협의회, ≪섬진강유역사연구≫, 날빛, 1997
  권경안, ≪큰산아래사람들—구례의 역사와 문화≫, 향지사, 2000

구례 운조루와 오미동 유씨가의 정착

택리지에서 극찬한 구례 구만과 운조루

조선 후기 대표적인 인문지리서인 이중환의 ≪택리지≫에는 구례 지역의 구만에 대한 기록이 전한다.

> 지리산은 동쪽으로는 지맥이 있으나 서쪽은 지맥이 없다. 그러나 단 하나의 지맥이 서쪽으로 뻗었다가 크게 끊어진 곳이 있으니 그곳이 구례의 구만(九灣)이다. 졸졸 흐르는 물이 굽이쳐 안았고, 강 너머엔 오봉산이 남쪽에 보인다. 두 도 사이에 끼여 화물을 운수하는 곳이 되었는데, 넓은 들이 기름지다. 별이 드물고 달이 밝은 밤이면 강 위에 이따금 작은 배가 저절로 양쪽 언덕으로 왔다갔다 한다. 세상에 전해오는 말이 "오봉산에 있는 신선이 지리산을 왕래하기 때문이다"고 한다. 구만의 한 마을을 여러 시냇가 마을과 비교하면 생리는 더욱 풍부하지만 남해와 가까워 수토(水土)가 북쪽의 여러 마을보다 못하다. 이 다섯 곳은 지세와 생리가 극히 아름다워 도산·하회보다 훨씬 좋다. 그러나 고개와 거리가 조금 멀어 평시에는 여러 대를 이어 살만한 곳이나 난리를 피할 수 없다. 이것이 한강 북쪽 여러 마을보다 못한 점이다. 그러나 구만은 동쪽에 지리산이 있어 평시에나 난시에 모두 살만하다.

이중환이 명당지로 격찬한 구만은 현재 구례군 토지면 오미리

김정호의 〈대동여지도〉에 나타난 구만 일대 이중환은 구만지역이 평시에나 난시에나 모두 살만한 곳이라고 하였다.

일대를 지칭한다. 오미리는 오미동이라고 하는 곳이다. 유제양(柳濟陽)은 1908년에 지은 ≪오미동여사(五美洞閭史)≫에서 그 다섯가지 아름다움을 이야기하였다. 첫째 마을의 안산인 오봉산의 기묘함, 둘째 사방의 산들이 오성을 이루어 길하며, 셋째 물과 샘이 넉넉하며, 넷째 풍토가 순박하며, 다섯째 터와 집들이 살기에 좋다고 하였다.

오미동은 풍수지리상 명당터의 하나인 '금환낙지(金環落地 : 금가락지로 둘러싸인 곳)'로 알려져 일찍부터 세인들에게 주목받는 곳이었다. 이곳에 조선 후기 유이주(柳爾冑)가 창건하여 지금까지도 그 규모가 면면히 이어지고 있는 유씨의 고택 운조루(雲鳥樓)가 위치하고 있다.

운조루라는 이름은 '구름 속의 새처럼 숨어사는 집'이라는 뜻과 '구름 위를 나는 새가 사는 빼어난 집'이라는 뜻도 지니고 있는데, 도연명의 〈귀거래사〉에 나오는 "구름은 무심히 산골짜기에 피어오르고 새들은 날기에 지쳐 둥우리로 돌아오네"에서 첫머리인 운(雲)과 조(鳥)를 따온 것이다. 운조루는 조선 후기에 세워진 건축물 가운데 현존하는 대표적인 전통가옥이다.

운조루 창건 과정에서 운조루가 명당의 증거라는 사건이 발생해 사람들의 관심을 끌었다. 집터를 잡고 주춧돌을 세우기 위해 땅을 파는 도중 부엌자리에서 어린아이의 머리크기 만한 돌거북이 출토되었다는 것이다. 이 돌거북은 유씨의 가보로 전해 내려왔으나 1989년에 도난당했다고 한다. 이런 돌거북과 관련된 일화는 비기(秘記)에 길지로 말해지는 '금귀몰니(金龜沒泥 : 금 거북이 진흙 속에 숨어 있는 곳)'의 명당을 입증하는 것으로 해석하기도 한다.

유씨의 구례 정착과 운조루 창건

운조루를 지은 유이주는 1726년(영조 2) 경상도 대구에서 출

운조루 호남의 대표적인 전통가옥인 운조루는 원래 유이주 가옥의 사랑채였지만 지금은 가옥 전체를 운조루라고 부르고 있다.

생하였다. 1753년 무과에 등제한 후 수어청 파총을 지냈고, 수어성기별장을 역임하면서 남한산성을 수축하는 데 참여하였다. 이후 오위장과 남도병우후를 지냈고, 낙안군수를 역임하였을 때 조운선박의 침몰이 문제가 되어 삼수(三水)에 유배생활을 하였다. 이후 상주영장과 용천부사·풍천부사 등을 지냈으며, 1789년(정조 13)에는 정조의 아버지 사도세자의 묘를 화성(수원)으로 옮기는 역사에 참여하였다.

유이주가 오미동에 정착하고 운조루를 창건한 시기는 1776년으로 삼수에서 유배생활을 마친 직후였다. 그의 행장에는 삼수의 유배지에서 돌아와 형과 가족들을 이끌고 오미동에 정착하였다고 한다. 당시 세인들은 이곳을 길지라고 하였으나, 바위가 험하여 누구도 감히 집터로 활용하지 못했다. 유이주는 웃으면서 "하늘이 이 땅을 아껴두었던 것은 비밀스럽게 나를 기다리신 것"이라고 하며 장정 등을 동원해 터를 잡았다고 한다.

이러한 사실과 함께 유이주가 이곳에 정착하게 된 것은 그의 관력이나 그를 둘러싼 인맥과 관련이 있다. 우선 그의 관력을 보면 운조루의 창건 시기에 즈음하여 구례와 인접한 낙안군수를 역임하였다는 점과 남한산성의 수축이나 능역 공사에 참여한 경력 등이 지금까지도 대저택으로 전해지는 운조루 창건을 가능하게 하였을 것이다. 아울러 그의 인맥을 본다면 형 유이혜의 영향도 있었다. 유이혜는 당시 호남에서 학문적으로 명성을 가지고 있던 박광일의 학풍을 흠모하여 평소 자주 교류하였다. 아마도 유이주는 유이혜가 박광일과 교류하는 와중에서 오미동의 입지에 대해서 파악하였을 수도 있었다.

유이주는 운조루 창건을 위해 1770년대를 전후하여 다수의 토지를 매입함과 동시에 노비소유를 통해 재산을 증식하였다. 또한 양아들인 유덕호를 당시 구례지역의 토호였던 재령이씨 이시화(李時華)의 딸과 혼인시켰는데, 이를 계기로 이시화의 많은 토지들이 유씨 소유로 이전되었으며, 운조루 터 역시 양여받은 것으로 추정되기도 한다.

*** 자세히 들여다보기
이해준, ≪운조루의 역사, 구례 운조루≫, 국립민속박물관 학술총서Ⅳ, 1988
박익수, 〈구례 운조루의 주택사 연구〉, 학술진흥재단 연구결과논문, 1998
권경안, ≪큰산아래사람들―구례의 역사와 문화≫, 향지사, 2000

근현대 변혁의 근거지, 지리산

1869년 광양의 농민항쟁

　1862년 진주농민항쟁 이후 농민항쟁이 삼남지방으로 확산되면서 광양에서도 농민 봉기가 일어났다. 1869년 전라도 출신 인물들이 주도하여 일어난 광양의 농민항쟁은 불과 3일만에 관군에 의해 진압되었지만, 1871년 '이필제난'에 영향을 미치는 등 한말 농민항쟁사에서 중요한 의미를 가지고 있다.
　이 사건의 중심인물인 민회행은 광양 출신으로 의술을 생업으로 삼던 사람이었으나, 봉건지배체제의 가혹한 수탈과 신분 차별을 경험하면서 20년 전부터 세상을 바꿔야 한다는 뜻을 품게 되었다. 그는 먼저 동지들을 규합하기 위해 영남과 호남일대를 전전하였으며, 강진에서 김학원과 향리(鄕吏) 김문도를 동지로 끌어들였다.
　처음에 이들은 강진 병영을 습격할 계획을 세웠다. 상여에 무기를 감추고 강진 병영에 접근한 뒤 급습하려고 했으나, 상여가 강진 오리정(五里亭) 주막에 이르렀을 때 마침 비바람이 몹시 불자 다음을 기약하고 일단 해산했다. 이후 김학원 등은 목표를 바꿔 장성읍을 쳐들어갈 계획을 세웠으나 실행에 옮기지 못하였다. 민회행은 거사를 일으키기에는 동지가 부족하다는 생각을 가지고, 하동 장터로 나아가 "장차 난리가 날 터인데 민회행의 말을 듣고 함께 일을 도모하면 화를 면할 수 있다"는 소문을 장터에 퍼트리면서 사람들을 끌어 모았다.

1869년 3월 이들은 장사꾼을 가장하고 하동에서 모여 섬진강을 내왕하면서 동지를 규합하여, 일당이 70여 명으로 불어나자 우손도(牛孫島)로 들어갔다. 우손도에는 이들과 연락을 취하고 있던 최영길이 있었다. 이들은 최영길의 집에 머물면서 사람들에게 소를 잡아 먹이며 용기를 북돋는 한편 갑옷과 투구, 죽창을 제조하면서 전투를 준비하였다. 이들은 목표를 광양으로 정하고 거사의 성공을 위해 산제까지 지낸 다음 우손도를 떠났다.

광양 유당공원의 토평사적비

민회행 등은 3월 23일 초남포(草南浦)에 배를 대고 기회를 엿보다가 밤을 틈타 총을 쏘며 광양 관아로 쳐들어갔다. 이들은 관아를 기습 공격하여 점령한 뒤 무기를 탈취하여 총으로 무장하였다. 이들은 성문을 엄하게 지키고 군졸을 시간마다 점호하기도 하고 죄수들을 모두 풀어주고 백성들 중에서 건장한 자를 뽑아 군정(軍丁)으로 삼았으며, 사창을 열어 곡식을 읍민들에게 나

근현대 변혁의 근거지, 지리산 ········· 117

망덕포구에서 바라본 광양 앞바다

누어 주었다. 또한 이들은 봉기 사실을 격문으로 내붙인 뒤 "백성을 살해하거나 재산을 약탈한 자가 있으면 반드시 중죄가 될 것"이라는 내용을 널리 알려 민심을 얻고자 했다. 그리고 동모자인 강진의 김학원에게도 광양 거사의 성공을 알리기도 했다.

그러나 이들은 현감 윤영신이 이끌고 온 관군의 반격으로 3월 25일 진압되고 말았으니 3일 천하로 끝난 셈이었다. 당시 이들을 진압한 관군의 보고에 의하면, 주동자의 대부분이 양반에서 몰락한 잔반 출신이었음을 알 수 있다. 주동 인물은 민회행(44세, 광양, 의술), 전찬문(44세, 구례, 대금업), 이재문(27세, 광양), 권학녀(23세, 남원), 강명좌(41세, 구례), 김문도(49세, 강진, 향리)

등으로, 광양·구례·남원·강진 사람들이었다. 민회행은 1862년 진주농민항쟁을 본따 봄에 곡식을 꾸어주고 가을에 이자를 붙여 받아들이던 환곡의 폐단을 타파하기 위해 변란을 꾀했다고 했다.

광양의 농민항쟁에서 나타나고 있는 특징은 주동자 민회행이 천문지리에 능하고, 가담자 권학녀 역시 술수(術數)에 능통했던 점, 그리고 "이번 거사에 8도가 모두 호응하여 한 번 방포하면 경각에 수만명이 모일 것이며, 또한 영남에서 70여 명이 오도록 되어 있다"고 한 점으로 볼 때 광양농민항쟁은 이전의 농민항쟁과 성격을 달리하였음을 살필 수 있다. 즉 환곡 폐해에 저항했던 일반 농민항쟁과 달리 사회개혁을 꾀한 '변란'이었음을 알 수 있다. 광양농민의 항쟁은 거사를 계획하여 잠시나마 성공을 거두었다는 점에서도 계획단계에서 좌절했던 대부분의 농민항쟁과 다르며, 이후 이필제난에도 영향을 미쳤다.

광양의 농민항쟁은 1862년 진주농민항쟁 이후 삼남을 중심으로 불길처럼 번진 농민항쟁사에서, 공격 목표를 강진·장성·광양 등 다양하게 설정하였던 점이나, 여러 고을의 사람들이 연합하여 조직적으로 봉기한 점 등에서 농민항쟁의 새로운 특징을 지니는 것이었다.

*** 자세히 들여다보기
  이이화, 〈19세기 민란의 조직성과 연계성에 관한 한 연구〉《교남사학》창간호, 1985
  배항섭, 〈19세기 후반 '변란'의 추이와 성격〉《1894년 농민전쟁연구》2 , 한국역사연구회, 1994

동학농민전쟁과 남원의 김개남 농민부대

김개남의 남원 진출

　지리산과 관련된 호남의 동학농민군 세력권은 남원과 광양·순천 지역 등이다. 남원지역에서는 김개남의 지휘 아래 운봉전투를 치렀으며, 광양·순천 등지에서는 김인배가 이끄는 영·호대도호소가 하동과 진주를 잇는 세력권을 형성하였다.

　남원은 하동에서 띄운 배가 섬진강을 따라 구례·곡성을 거쳐 광한루 앞의 나루터에 도착하는 뱃길 덕분에 옛부터 물산이 풍부하였고, 또 육로로는 운봉·함양을 거쳐 진주까지 쉽게 갈 수 있어 교통의 요지이기도 했다.

　김개남이 이곳에 진출한 것은 6월 25일(음력)이었다. 이때 김개남은 3천의 농민군을 이끌고 남원성을 공략하여 부사 김용헌을 참수하고 효수하였다. 그는 남원에 집강소를 설치하고 금산·무주·진안·장수·용담·임실·순창의 전라북도와 구례·곡성·담양의 전라남도를 총괄하는 대접주로서 위세를 떨쳤다.

　김개남은 동학농민군 지도자 중에서도 성격이 강직하고 범처럼 사납기로 유명했다. 그는 1853년 태인현 산외면 동곡리 윗지금실에서 김대흠의 셋째 아들로 태어났다. 그의 집안은 벼슬을 누리지 못했으나 상당한 지주로서 이 지역에서 토호로 행세하고 있었다. 때문에 그는 어려서 전통한학을 익혔으며, 청년시절부터 외지로 돌아다니며 전주 영장(營將) 김시풍, 낙안군수를 지낸 임병찬 등과 교유했다고 한다.

　봉건적 신분체제의 모순을 절감하던 그는 대안을 모색하다가

남원 교룡산성 남원의 진산인 교룡산에 있으며, 성 안의 선국사는 군막사찰, 보제루(수비사령부)의 역할을 담당하였다.

동학에 일찍 입도하였으며, 누구보다 열렬하게 동학에 충실했던 것으로 알려져 있다. 1891년 최시형이 동학 전파를 위해 전라도 지역을 순회할 때 태인 김개남의 집에서 묵었으며, 김개남은 최시형에게 여름옷 다섯 벌을 지어 올렸다고 한다.

그는 동학의 각종 집회에서 주도적 역할을 수행하며 강경파로 활약했다. 1894년 동학농민군의 연합전선이 형성될 때 그는 전봉준 다음의 직책인 총관령을 맡았다. 그러나 전주에서 농민군이 퇴각할 때 그는 전봉준·손화중과 길을 달리하여 지리산 부근의 남원일대로 내려왔다. 그리고 김개남은 남원에 근거지를 만들고 지리산의 산적·화적들과 연계를 꾀하는 한편 지리산 자락의 천인들을 끌어모아 사납고 용맹한 천민부대를 만들었다. 봉건체제에서 가장 차별을 받아야 했던 천민들이었기에, 이들의 활동은 매우 과격하였다.

김개남이 진을 치고 있던 남원은 한때 전봉준이 김개남을 찾아와 동학농민군의 단합대회가 열리기도 했다. 이 무렵 전라감사 김학진이 일제의 경복궁 쿠데타에 대응하여 항일전선을 구축하고자 군관을 남원에 보내어 연합을 제의했으나, 전봉준이 이에 동의했던 것에 비해 김개남은 제의에 일체 불응했다. 그리고 9월에 동학농민군 2차 봉기가 일어날 때에도 공주공격에 합류하지 않았다.

운봉 농민군 격퇴비 박봉양이 농민군을 격퇴한 것을 기념하여 세운 비로 남원시 운봉면 서천리 길가에 있다. 운봉 민병대장 박봉양은 남원에 주둔하였던 김개남부대가 운봉을 넘어 함양으로 진출하는 것을 막았다.

김개남은 교룡산성을 수축하는 등 남원을 거점으로 구축하는 데 심혈을 기울였다. 참서의 기록을 핑계로 전봉준의 재기병을 외면하던 김개남이 10월 중순 전주로 올라가면서, 남원의 형세는 급변하였다. 남원의 농민군과 대치해 오던 운봉의 민보군 대장 박봉양이 남원을 공격한 것이다. 대장 김개남이 떠난 남원성은 민보군에 의해 쉽게 함락되고 말았다.

운봉전투

박봉양은 남원성을 점령한 뒤 며칠 뒤에 자신의 근거지인 운봉으로 돌아갔다. 그 빈틈을 타 남원지역 농민군 지도자 유복만·남응삼 등은 남원성을 다시 점령하였으며, 이어 농민군을 이끌고 운봉으로 향하였다. 이때 농민군은 지리산 북부 영호남의 요충지인 운봉을 넘어 영남으로 진격한다는 계획을 가지고 있었다. 농민군은 11월 3일 남원 산동방 부동촌까지 나아가 진을 쳤으며, 운봉의 민보군 2천여 명은 관음재에서 진을 치고 맞섰다.

농민군과 민보군의 싸움은 11월 14일 새벽부터 시작하여 다음날 아침까지 계속되었다. 이 싸움에서 수천여 명의 사상자를 낸 농민군은 남원으로 퇴각한 뒤, 3천여 명의 병력으로 남원성을 굳게 지키고 나가지 않았다.

기세가 오른 박봉양은 진주 병영의 지원을 받아 군세를 강화한 뒤, 11월 25일 운봉을 출발하여 반암방·원촌(院村)에 진을 치고 남원성 공격의 기회를 살폈다. 이를 알아차린 농민군이 선제 기습을 감행하면서, 28일부터 민보군의 남원성에 대한 대대적 공격이 시작되었다. 민보군은 남원의 네 성문을 포위한 채 남문을 주공격 목표로 삼았다. 민보군은 성 주변에 섶을 쌓아 불을 질렀고, 대나무 사다리를 통해 성위로 올라 공격했다. 이로써 성이 함락되었고, 농민군은 북문을 통해 달아나 흩어지고 말았다.

한편 남원을 떠나 북상한 김개남 농민군은 11월 8일 농민군 주력군이 공주를 향하여 총공격을 벌일 때, 11월 10일 독자적으로 청주를 공격했으나 일본군에 패하고 말았다. 청주 공격에 실패한 김개남은 진잠을 거쳐 태인에 숨어 들었다가 옛친구인 임병찬의 밀고로 체포되어 전주에서 처형당하였다.

동학농민군 지도자 김개남

*** 자세히 들여다보기

이이화, ≪발굴 동학농민전쟁, 인물열전≫, 한겨레신문사, 1994

이영진, 〈김개남과 동학농민전쟁〉≪한국근현대사연구≫2, 1995

한국역사연구회, ≪1894년 농민전쟁연구≫4·5, 역사비평사, 1995·1996

영호남을 누빈 영호대접주 김인배와 순천·광양농민군

농민군의 청년장군, 김인배

지리산 북부인 운봉과 남원에서 농민전쟁이 전개되는 동안 지리산 남부에서는 순천에서 진주를 잇는 농민전쟁이 전개되었다. 순천·광양에는 김인배가 이끄는 영·호대도호소를 중심으로 농민군의 위세가 크게 떨쳤다.

지리산 남부 농민군은 호남의 순천·광양뿐 아니라 영남의 하동·진주 등을 모두 관할하는 특징을 지니고 있었다. 그리고 김인배가 '영호대접주(嶺湖大接主)'라 칭했던 것은 그러한 뜻에서였다. 당시 김인배는 불과 스물 네 살의 청년이었으나, 일찍이 동학농민군 10대 지도자의 한사람으로 부상하였다.

본명이 용배인 김인배는 1870년 고향인 전북 금구(김제군 봉남면 화봉리)에서 태어났다. 그가 언제 동학에 입교했는가는 분명치 않지만, 1894년 백산봉기 때 그는 같은 고장 출신인 김덕명과 함께 농민군을 거느리고 합류했다. 이후 그는 전주에서 농민군이 퇴각할 때 고향 금구를 떠나 순천으로 진출했다. 순천에 본부를 둔 김인배는 현지의 농민군 지도자 유하덕을 수접주로 삼고 영호대접주가 되었다.

섬진강을 사이에 두고 인접한 광양과 하동은 동학농민전쟁 당시 연합작전을 전개했던 점에서 주목할 만하다. 특히 광양의 농민군은 1894년 7월 하동의 농민군 세력과 힘을 합해 하동에 도소(都所)를 설치한 바 있었다. 이렇게 해서 농민군이 하동을 장악해 가자 하동 민포군의 반발도 만만치 않았다. 지리산 포수가 중심이 된 민포군들은 화개동에서 농민군의 근거지를 습격하였고, 민포군에 밀린 농민군은 광양으로 퇴각하였다.

순천 농민군의 영남 진출

광양으로 달아난 농민군들은 김인배에게 이 사실을 알렸고, 김인배는 광양 수접주 유하덕과 함께 1만여 명의 농민군을 이끌고 9월 1일 하동으로 진격하여 민포군을 무찔렀다. 당시 김인배의 농민군은 두 부대로 나누어 하동을 공격했다. 한 부대는 섬진대교 아래쪽 망덕 앞바다에서 배로 거슬러 하동으로 들어갔고, 다른 한 부대는 섬진대교 뒤쪽 섬거나루를 건너 양면작전을 펴

하동 송림 하동대교 옆에 있는 송림은 지금은 공원이지만 농민전쟁 당시 사형장이었다. 일본군은 이곳에서 농민군의 시체를 섬진강에 던져 수장하였다.

광양 망덕포구 전경 망덕포구는 섬진강과 남해가 만나는 곳으로, 최근까지 부산을 오가는 배편이 있었다.

면서 하동을 점령하였다. 농민군이 하동에서 민포군을 물리치자, 그 소식이 진주·사천·곤양 등지로 전해지면서 농민군의 기세가 크게 올라갔다.

김인배는 기세를 몰아 진주로 나아갔다. 김인배가 진출하기에 앞서 진주 농민군도 이에 호응하여 진주목사를 굴복시켰고, 9월 17일 김인배의 농민군이 입성하자 진주 목사 유석과 병사 민준호가 직접 마중을 나오는 등 영·호대도호소의 기세가 진주에서도 드날렸다. 진주병영을 무혈점령한 김인배는 일주일 정도 머물다가, 다시 남해·사천·곤양·고성 등지의 관아를 접수하는 등 진주 일대를 석권하였다.

한편 영·호대도호소의 주력군이 광양을 거쳐 하동·진주 방면으로 진출하는 것과 맞추어, 순천에 남아있던 잔류 농민군은 평소 농민군에 비우호적이었던 낙안을 공격하였다. 9월 15일 양하일이 이끄는 농민군 1천 명은 순천을 출발하여 선암사에 집결하였고, 오금재를 넘어 낙안읍성을 공략하여 마침내 성을 장악했다. 농민군은 낙안에서 군기고를 방화하는 등 기세를 올렸으며, 보성·흥양 등지를 석권한 뒤 선암사를 거쳐 순천으로 되돌아왔다. 농민군의 낙안 공격은 영·호대도호소 농민군의 배후를 튼튼히 정비하기 위해 펼친 작전이기도 했다.

농민군이 진주 일대를 점령할 무렵 경상감영과 일본군의 반격도 만만치 않았다. 경상감영은 농민군 진압을 위해 판관 지석영을 파견하였고, 일본군은 부산에서 일본상선 2척과 화륜선 1척에 선원·관군 그리고 일본군이 모집한 조선병사 260여 명을 나누어 태우고 마산을 거쳐 진주로 향했다.

진주의 농민군은 관군과 일본군이 공격해 온다는 정보를 받고, 진주 백목리에서 고성당산으로 옮겼다. 10월 13일 농민군 5천여 명이 일본군 부대 및 관군과 치열한 전투를 벌였으나 패전하고 말았다. 이 전투에서 농민군의 위세가 다소 꺾였으나 농민군의 활동이 그친 것은 아니었다. 여전히 사천·남해·단성·적량 등에서는 농민군이 군기를 빼앗으며 기세를 올리고 있었다.

당시 경상감영은 이 일대 동학농민군을 진압하기 위해 지리산 근거지를 장악하는 것을 최우선의 전략으로 삼고 있었다. 경상감영이 동학농민군에 대해 "저들이 믿는 것은 지리산 골짜기이다. 만약 군대를 파견치 않고 또 일본군을 하동·진주·단성·곤양 등지에 주둔케 하지 않으면 반드시 저 무리들이 다시 유린

순천 낙안읍성 전경 읍성은 1397년(태조 6) 처음 쌓은 이후 여러 차례 보수되었다. 전체가 사각형인 읍성은 적의 공격을 효과적으로 막기 위해 성 일부분이 밖으로 튀어나와 있다. 성 안에 초가집에 남아 있는 등 보존 상태가 좋은 읍성 가운데 하나로 현재 민속마을로 지정되어 있다.

할 것이다"라고 보고하듯이, 지리산은 농민군 활동의 크나큰 배경이자 보루가 되었다.

이 무렵 순천에 물러나 있던 김인배는 일본군이 하동을 공격해 온다는 소식을 접하고 8만여 명의 농민군을 이끌고 10월 22일 섬진강을 건너갔다. 1차전투에서 패배한 지 불과 열흘도 안되어 대반격을 시도한 것이다. 섬진강 일대에서 일본군·관군과 맞붙은 동학농민군은 대규모의 병력으로 밀어붙였으나, 화력의 열세에 밀려 끝내 패전하고 말았다.

10월 말경 하동지역을 일본군에 넘겨준 농민군은 섬진강 건너 광양의 섬거역 부근에 집결해 있었으나, 다시 일본군의 공격을 받았다. 섬거역 일대는 농민군의 시체로 산더미를 이루었고, 망덕 앞바다는 농민군이 흘린 피로 붉게 물들만큼 전투는 그 어느 때보다 치열했다. 이때 농민군은 일본군의 공격에도 무릎쓰고 망덕 앞바다를 거슬러 올라가 하동을 급습하여 한때 하동부를 점령하기도 했으나, 일본군의 공격을 감당하지 못한 채 광양으로 후퇴하지 않을 수 없었다.

다시 광양에서 순천으로 퇴각한 김인배는 잔여 농민세력과 승주 선암사에 근거를 두고 있던 농민군을 규합해 이번에는 여수 전라좌수영 공격을 감행했다. 11월 초순 김인배는 여수 앞바다

진상면 섬거리 섬거역 전경
농민군은 이곳에 집결해 있다가 망덕포구에서 올라온 농민군과 합류하여 하동으로 진격하였다.

를 봉쇄하고 진남관의 뒷산인 종고산에 진을 치면서 전라좌수영을 세차례나 공격했으나 여기에서도 다시 패배를 맛보아야 했다. 김인배가 전라좌수영을 차지하려 했던 것은 향후 일본군·관군과의 전면전에서 유리한 군사적 근거지를 확보하기 위한 뜻에서였다. 그러나 좌수영 공격에서 실패한 뒤 김인배는 순천에서 광양으로 거처를 옮겨 재기를 도모했지만, 광양에서 붙잡혀 광양 객사에서 효수되고 말았다. 이로써 동학농민전쟁에서 크게 이름을 떨친 영·호대도호소의 활동도 마감하게 된다.

*** 자세히 들여다보기

　역사문제연구소, 《역사기행, 동학농민전쟁의 발자취를 찾아서》, 여강, 1993
　이이화, 《발굴 동학농민전쟁, 인물열전》, 한겨레신문사, 1994
　한국역사연구회, 《1894년 농민전쟁연구》4·5, 역사비평사, 1995·1996

근현대 변혁의 근거지, 지리산

지리산을 무대로 활약한 김동신의병부대

대한창의대장 김동신

　1907년 이후 후기의병은 특히 호남지역에서 활발하게 활동하였다. 그 중에서도 후기 호남의병의 선구가 김동신의병부대이다.
　김동신은 충남 회덕군 탄동면 출신이다. 그의 집안은 14대조부터 탄동에서 대대로 살아왔으며, 어느 정도 재력도 지닌 중인계층이었다. 김동신은 17세 때 아버지를 여의고 의원(醫員)이 되어 생계를 꾸려갔으나 일제 침략을 목격하면서 의병을 일으키기로 결심하였다. 김동신은 처음에 홍주(충남 홍성)의 민종식 의진에 참가하려 했으나, 뜻을 바꾸어 최익현 의진에 가담했다. 최익현 의진이 해산한 뒤 그는 전라도와 경상남도 거창·삼가·함양 등지를 순회하면서 의병을 모집하였다. 그가 이렇게 활동 무대를 넓혀 갈 수 있었던 바탕에는 그의 처 박씨가 경남 안의 출신이고, 소실 전씨가 전북 장수에 거주했던 때문이 아닌가 한다.

대한창의대장 김동신

　이후 그는 기우만·고광순 등과 1907년 음력 8월 내장산에서 의병을 일으켰다. 전북과 전남을 경계짓는 내장산의 사찰에서 약 80명의 의병을 규합한 이들은 지리산으로 이동하였다. 김동신은 의병부대를 삼남창의소라 이름짓고, 삼남창의소 도원수 또는 대한창의대장에 선임되었다. 명칭에서도 살펴지듯이 이들 부대원은 충청·전라·경상도 출신들로 구성되었다. 지리산을 중심으로 활동한 김동신의병부대에는 특히 산포수들이 대거 참가하였다. 그런 만큼 김동신의병부대는 전투력이 강했다. 이들 중에는 직업적 산포수도 있었지만, 대체로 농사를 지으면서 겨울에 짐승을 잡아다 파는 사냥꾼들이 많았다.

지리산을 누빈 김동신의병부대

김동신의병부대는 1907년 9월 창설 직후 지리산으로 이동하는 과정에서 순창읍을 공격하는 등 전투를 활발하게 전개했다. 이 의병부대는 주로 지리산의 사찰을 근거지로 삼아, 경남의 함양, 전북의 남원·순창·정읍, 전남의 곡성·장성·구례 등 3개 도에 걸쳐 폭넓게 활동했다. 의병부대원들은 흑색 한복을 복장으로 착용하였으며, 한때 1천여 명이 넘을만큼 세력을 크게 떨치기도 했다.

김동신의병부대는 구례 연곡사를 거점으로 삼았다. 이곳은 산이 험하고 골짜기가 깊어 천연요새의 지형을 이루고 있었으며, 동으로는 화개동과 북으로는 문수암과 통하면서 골짜기에는 산포수가 많았다. 김동신은 지리적으로 영호남의 인후(咽喉)에 해당되는 연곡사를 중심지로 지리산의 인적이 없는 곳에 가옥을 짓고 장벽으로 방책을 세우고 장도지책을 강구하였다.

그러나 일제의 집요한 공격을 받으며, 전략적 요충지에 위치한 김동신의병부대의 근거지도 철저하게 파괴되고 말았다. 일본군은 김동신의병부대가 경남지역의 일본군을 공격할 때 거점으로 활용하던 문수암을 불태웠으며, 의병진영도 1908년 6월 함양수비대의 공격을 받아 소각되고 말았다.

그런 상황에서 잠시 귀향하여 의병재기를 모색하던 김동신은 1908년 6월 일본 경찰에 의해 체포되었으며, 1년여 동안 지리산을 중심으로 활동하던 김동신의병부대도 해산되고 말았다.

 산포수와 강원도의 해산군인들을 받아들여 전력을 보강했던 김동신의병부대는 지리산 일대의 대표적 의병부대였다. 이들은 장기항전을 모색하면서 지리산 중심에 의병기지를 건설하였던 점에서도 의병사에서 남다른 의미를 지니고 있다.

*** 자세히 들여다보기
 윤병석, ≪한말 의병장 열전≫, 독립기념관 한국독립운동사연구소, 1991
 홍영기, ≪대한제국기 호남의병 연구≫, 일조각, 2004

지리산을 타고 넘은 고광순의병부대와 연곡사

창평 출신의 고광순의병장

호남의 중기의병은 1906년 태인에서 최익현·임병찬이 일으켜 순창에서 끝낸 후 장성의 기우만, 남원의 양한규, 광양의 백낙구, 능주의 양회일, 창평의 고광순 등이 1907년 초에 다시 일으켰으나, 고광순 의병만이 남게 되었다. 원래는 연합작전을 펼 계획이었으나 연락에 차질이 생겨 기우만은 준비중에 발각되고, 백낙구도 1906년 11월 6일(음력 9월 20일) 순천 공격 계획중에 체포되었고, 양한규는 유병두 등과 함께 1907년 음력 설날 새벽에 남원성을 점령하는데 일단 성공했으나 그 날 관군의 반격으로 전사하고 말았다.

고광순의병부대는 1906년 12월 11일 산중의 전주이씨 재각에 본부를 두었다. 고광순의병의 진용은 의병대장 고광순을 비롯하여 고제량(부장), 고광수(선봉장), 고광훈(좌익장), 고광채(우익장), 박기덕(참모), 윤영기(호군), 신덕균, 조동규 등을 중심한 1백 명의 병력으로 구성되었다. 이 의병은 뜻을 세운 직후 남원성 공격을 단행했으나, 남원에 당도했을 때는 이미 연합작전을 펼치기로 한 양한규 의병이 패산한 뒤였다.

고광순의병부대는 단독으로 남원성을 공격하였으나 성과를 거두지 못한 채 후퇴하고 말았다. 다시 전열을 정비한 이들은 방향을 남쪽으로 돌려 음력 3월 13일부터 화순·능주·동복 일대를 공략하였다. 고광순의병부대는 화순 내 일본인들의 집과 상점 10여 호를 불태우는 한편 일본군과 접전을 벌였다. 그러나 일본군의 반격을 이기지 못한 채, 동복 뒤편의 운월재를 넘어 순천 방면으로 후퇴하지 않을 수 없었다.

고광순의병부대가 활발하게 활동하자, 일제는 창평의 고광순의병장 집과 남원의 고광수 선봉장 집을 불태우는 한편 고광순의 벙어리 아들 재환을 창과 칼로 마구 찔러 죽이는 등 잔인한 보복을 감행했다. 임진왜란 때 고경명·종후·인후 3부자가 의병을 일으켜 순국한 이래 13세손 재환이 다시 일본군에 참살당하는 비극이 벌어진 것이다.

고광수 선봉장은 천석 재산을 창평의병을 일으키는데 모두 바친 인사였으며, 남원 이백면(二白面)에 있던 그의 집은 고광순의병부대가 지리산으로 들어갈 때 머물렀던 곳이기도 하다. 일본군은 의병을 뒤쫓아 오면서 고광수의 집마저 불태우는 만행을 저질렀다.

연곡사에서 최후를 마친 고광순의병장

고광순은 고향집이 불바다가 된 소식을 들으면서 최후를 맞이할 작전을 구상하였다. 신덕균·윤영기를 참모로 영입하여 진용을 강화하고 태극기에 '머지않아 광복된다(不遠復)'는 염원과 믿음을 쓴 군기를 높이 올려 의병들의 용기를 북돋우었다. 그리고 1907년 8월 4일(양력 9월 11일) 월봉산 국수봉을 향해 죽음을 맹세하는 고유제를 올렸다.

고광순의병부대는 지리산으로 들어가 항전할 것을 계획하고, 무장을 보충하기 위해 동복을 공략하였다. 8월 8일 새벽 헌병분견소를 공격했으나 박화중이 전사하는 등 피해만 남기고 실패하였다. 1백여 명의 의병은 북상하여 선봉장 고광수의 집이 있는 남원군 이백면 효기리 용령에 숙영했다가 지리산 주령을 타고 피아골로 갔다. 이들은 고기리, 돌고래, 성삼재, 노고단을 올라 피아골로 행군하였다.

8월 11일 피아골에 도착한 고광순의병진은 연곡사 부근에 군영을 마련하고, 20리 밖의 외곡리와 뒤편의 농평재 넘어 30리의 화개리 장터를 습격하여 군비를 보충했다. 화개장터는 일본 정보원이 자주 숨어 들었던 곳으로, 고광순의병뿐 아니라 김동신의병도 몇 번이나 공격했을 만큼 의병의 공격 표적이 되었다.

불원복기 고광순의병장이 일본군과 싸울 때 사용한 태극기이다. 그는 굳은 신념으로 '머지 않아 국권을 회복한다(不遠復)'는 글자를 태극기에 써넣었다.

고광순의병장이 피아골에 들어오기 하루 전날인 8월 10일에는 피아골 북쪽 문수암에 진을 치고 있던 김동신의병부대가 구례읍을 공격하고 화개까지 진출하여 일본군과 접전을 벌인 바 있었다. 일본군이 문수암을 불태우면서 김동신의병부대를 추격해오자, 김동신은 지리산 동부 기슭을 넘어 거창방면으로 이동하였다.

고광순의병부대는 격전이 벌어진 그 다음날 피아골에 들어선 것이다. 때문에 고광순의병부대와 화개장터에 주둔한 일본군의 결전은 불가피한 상황이었다. 일본군과 대치한 상황에서 고광순의병장은 기삼연·이대극·이석용 의병장 등과 연락하여 연합작전을 모색하는 한편 화개에 주둔한 일본군을 공격할 방책을 세워 나갔다.

의병장 고광순 순절비

　한편 일본군은 지리산 의병부대를 '섬멸'하기 위한 '연곡사 토벌작전'을 세워, 화개주둔의 일본군뿐 아니라 광주에 주둔하던 목야(木野)중대와 진해의 소(所)중포소대 등을 출동시키면서 총공세를 가해 왔다. 일본군 목야부대는 화개를 거쳐 쌍계사 뒤편 신흥리에 집결하였고, 소(所)부대는 산청으로 들어가 대성골로 내려와 신흥리에서 합류하였다. 그리고 농평재를 넘어 연곡사 뒤편 계곡으로 내려오니 이때가 9월 11일이었다.

　고광순의병부대 역시 화개의 일본군을 공격하기 위해 9월 10일 밤에 작전을 개시했다. 이때 의병들은 화개를 협공하기 위해 두 진영으로 나누었다. 선봉장 고광수가 이끄는 부대는 외곡을 넘어 화개로 향하고, 호군 윤영기가 이끄는 부대는 연곡사 뒤편

당치재를 넘어 농평재 오른쪽의 높은터라는 지름길로 진군하였다. 높은터의 험한 길을 택한 것은 외곡으로 향한 부대와 시간을 맞추어 화개에 도착한 뒤 일본군을 협공하기 위함이었다. 의병이 높은터 방향으로 진군할 무렵, 앞서 보듯이 일본군은 농평재를 넘고 있었다. 즉 같은 시간에 의병과 일본군이 계곡 사이로 길을 비켜간 것이다. 농평재를 넘은 일본군은 9월 11일 새벽 연곡사에 도착하였다.

이때 연곡사에는 의병장 고광순을 비롯하여 부장 고제량 등 10여 명만이 지키고 있을 뿐이었다. 새벽에 일본군 대부대의 급습을 받고 고광순의병장 이하 10여 명의 의병은 결사적으로 항전하다가 끝내 장엄하게 전사하였다. 일본군은 의병 참살에 그치지 않고 연곡사까지 불태우는 만행을 저지른 뒤 퇴각하였다.

격전장에서 순절한 고광순·고제량 의병장의 시신은 주민이 찾아가 거적과 흙으로 덮었으며, 고광순 의병장의 전사 소식이 근방에 알려지자 모두들 울면서 망례를 올렸다고 한다. 고광순 의병장이 순국한 9월 12일 구례읍에 살던 매천 황현은 연곡사로 달려와 초라한 무덤 앞에 무릎을 꿇고 다음과 같은 글을 지었다.

> 연곡의 봉우리마다 숲은 울창한데
> 평생을 나라위해 숨어 싸우다 목숨을 바쳤도다.
> 전마는 흩어져 논두렁에 누워있고
> 까마귀떼만이 나무 숲 사이로 날아 앉는다.
> 나같은 놈의 글 무엇에 쓸거나
> 이름난 조상의 집 그 명성 따를 길 없네.
> 홀로 서쪽을 바라보며 뜨거운 눈물 흘리니
> 새 무덤 옆에 국화가 향기를 뿜어 올리네.

고광순의병장이 순국한 이후 의병부대는 하동군 악양면 출신의 박매지가 이끌었다. 박매지는 1907년 구한국군 강제 해산 이후 하동에서 독자적으로 의병을 일으켰다가, 고광순의병부대에 합류했다. 이들은 러시아로부터 입수한 체코제 총으로 무장하였으며, 복장은 겉은 황색이고 안감은 검은색 무명천으로 만들어 낮과 밤에 변장할 수 있도록 하였다. 이들 의병은 지리산을 배경으로 하동·광양·구례·남원·진주 일대에서 일본군수비대를 공격하는 등 혁혁한 전과를 올렸다.

1908년 6월 박매지는 진주형무소에서 옥고를 치르는 동지들을 구출하기 위해 형무소 폭파계획을 세우고 몰래 진주로 잠입했다가 밀정의 밀고로 붙잡히고 말았다. 옥중에서 모진 고문을 당하던 그는 같은 해 7월 탈옥에 성공하여 의병활동을 재개하다가, 1909년 10월 진주 대평면전투에서 전사한 것으로 알려지고 있다.

*** 자세히 들여다보기
　윤병석, ≪한말 의병장 열전≫, 독립기념관 한국독립운동사연구소, 1991
　조동걸, ≪독립군의 길따라 대륙을 가다≫, 지식산업사, 1995
　정재상, ≪하동의 독립운동사≫, 하동정론출판사업부, 2000

호남의병의 장기항전기지, 지리산

　지리산과 관련한 호남의병은 김동신의병부대와 고광순의병부대만이 아니었다. 특히 후기의병에 이르러 호남의병에게 지리산은 장기항전의 기지로 크게 부상하였다.

　최익현이 태인에서 의병을 일으킬 때, 임병찬은 최익현에게 전주를 장악하여 의병을 규합한 후 지리산에 웅거할 것을 조언하였다. 그가 험준한 지리산을 배경으로 삼아 장기항전의 대책을 가지고 있었던 것은 무기 열세와 훈련 부족에 처해 있는 의병의 전투력을 강화하는 것이 필요했다고 보았기 때문이다. 또한 주서(注書) 이호용은 군사력을 강화하기 위해서는 태인의 임병찬뿐 아니라 지리산 자락에서 무장세력을 키우고 있는 운봉의 박봉양과 협력하고, 경남 화개의 강두령과 연합하여 영·호남이 동시에 거병해야 한다고 조언하였다.

　그러나 최익현이 '황군과 싸울 수 없다'고 하여 태인의병이 해산하자, 강재천은 1906년 9월 임실에서 독자적으로 의병을 일으키고 운봉과 남원·장성 등지를 무대로 의병활동을 전개했다. 또한 동학농민전쟁 당시 초토관을 지내고 주사를 역임한 백낙구는 태인의병이 해산되자 광양으로 돌아와 1906년 11월 구례·광양을 무대로 다시 의병을 일으켰다.

　남원의 양한규도 1907년 2월 의병을 일으켰다. 향리 출신인 양한규는 본관이 남원으로 운봉의 박봉양과는 인척관계였다. 양한규는 어려서부터 체구와 힘이 남달랐고, 재물을 아끼지 않고 남에게 베푸는 어진 성품을 지니기도 했다. 그는 1882년 임오군

란이 일어나자 남원부사 심의두에게 청하여 군사 3백 명을 거느리고 상경하여 '반란군'을 토벌하고자 하였으나 심의두의 만류로 뜻을 이루지 못하였다고 한다. 1894년 동학농민전쟁이 일어나자, 그는 군사를 일으켜 동학농민군을 '토벌'하는 민보군의 편에 서기도 했다.

그는 직속 휘하에 1백여 명의 정예병을 거느리고 있었으며, 영남과 호남에서 1천여 명의 의사들이 호응했다고 한다. 의병을 일으킬 때, 양한규는 남원진위대의 무기를 탈취한 뒤 지리산 자락 운봉의 험악한 산세에 의지하여 어느 정도 훈련을 거친 다음 북상할 계획을 세우고 있었다.

양한규는 의병의 첫 목표로서 남원성 공격을 계획하였다. 이들은 연말연시를 기해 남원진위대 장병들이 휴가를 나간 1907년 2월 12일(음력 1906년 섣달 그믐날)을 기해 공격한다는 것이었다. 양한규의병부대에는 참봉 유병두가 거느린 군사 50명이 합류한 뒤 거사일 밤 남원읍 야산에 집결했다가 정월 초하루 새벽 닭이 울자 읍내로 공격해 갔다. 몇 명 남아있지 않던 진위대 군사와 순검들이 놀라 사방으로 흩어지면서 양한규의병부대는 큰 싸움없이 쉽게 남원성을 장악하였다. 아울러 남원성내 진위대의 무기와 군수품도 모두 의병의 수중에 떨어지게 되었다.

그러나 달아나는 관군과 일본군을 추격하던 양한규 의병장이 유탄에 맞아 숨지는 일이 발생하고 말았다. 이때 관군과 일본군이 대열을 재정비하여 반격을 개시해오자 의병들은 남원성에서 쫓겨나 흩어지고 말았다.

지리산을 중심으로 한 의병의 장기항전 전략은 1907년 중반 운봉의 박봉양 등에 의해서도 시도되었다. 박봉양은 1894년 동학농민전쟁 당시 농민군 진압에 앞장 섰던 민보군 대장 출신이었다. 그는 운봉의 서리 출신으로 남원의병 실패 이후 독자적으로 다시 의병봉기를 시도하였다. 지리산 지리에 누구보다 밝았던 박봉양은 병사들을 지리산에서 훈련하여 투쟁역량을 강화한 후 적당한 기회에 무장투쟁을 전개하려는 전략을 취하였다. 또한 그는 경남 통영의 군부대를 습격하여 화약과 무기를 확보한 뒤 하동 일대의 포군을 의병부대에 흡수하여 전력을 강화할 계획을 세우기도 했다.

이렇듯 호남의병사에서 지리산은 장기적 전략지로 부상하고 있었다. 의병기지를 건설하려는 시도는 그뿐이 아니었다. 광양의 의병들이 지리산으로 이동하였고, 임실과 태인에서 각각 의병을 일으킨 강재천과 임병찬의 부하들도 지리산에 근거지를 마련하고자 하였다. 심지어 청국인들까지 지리산에서 의병기지의 구축을 시도하였다.

호남의병이 1907년 경 장기 항전에 대비하여 국내에 영구적인 의병기지의 건설을 추구하기 위해 지리산을 주목했던 것은 중부 이북의 의병들이 해외로 근거지를 옮기려던 계책과 대비를 이루는 것이기도 했다. 그만큼 남부지역 의병들에게 지리산의 깊고 넓은 골짜기는 훌륭한 장기 항전의 근거지로 인식되었던 것이다.

*** 자세히 들여다보기

윤병석, ≪한말 의병장 열전≫, 독립기념관 한국독립운동사연구소, 1991
홍순권, ≪한말 호남지역의병운동사연구≫, 서울대출판부, 1994
홍영기, ≪대한제국기 호남의병 연구≫, 일조각, 2004

일제의 사찰령과 선암사·화엄사

30본산의 하나, 선암사

　순천시 승주읍 죽학리 조계산에 있는 선암사는 도선과 의천이 머물렀던 유서깊은 절이다. 이 절은 1911년 6월 조선총독부가 발표한 사찰령(寺刹令)과 같은 해 7월 반포된 사찰령시행규칙에 따라 30본사가 정해질 때, 송광사와 함께 30본사 가운데 하나로 승주군과 여수시·여천군 등지의 말사를 통제하였다.

　조선 후기 이래 선암사는 호남을 대표하는 사찰이었다. 선암사에는 불경을 강의하는 승려들이 많았다. 대표적인 승려가 함명이었으며 경붕과 경운, 금봉 등이 그의 제자였다. 경붕과 경운은 선암사 대승암의 대승강원에 있으면서 선암사를 당시 강학의 연원지로 만들었다. 경운은 1911년 조선불교 임제종이 생겼을 때 임시 관장으로 추대될 정도로 불교계의 신망을 얻고 있었다.

　1909년(융희 3)에 원종 종무원이 설립되고 불교연구회가 만들어졌을 때, 선암사는 화엄사를 포함한 27수사찰의 하나였다. 1911년 11월 25일에 방홍파(方洪波)는 30본산의 하나인 선암사의 초대 주지로 임명되었고, 다음해 1월 13일 '선암사본말사법(仙岩寺本末寺法)'의 인가 신청을 총독부에 제출하였다.

선암사·화엄사의 본산 다툼

　선암사가 총독부에 사법인가를 신청하자 화엄사를 비롯한 지리산 일대의 사찰들이 강력히 문제를 제기하였고, 선암사 사법

1920년대 선암사 전경

인가는 보류되었다. 이러한 와중에 방홍파가 입적하고 뒤이어 금봉 장기림(張基林)이 1913년 6월 16일에 선암사 주지로 임명되었다. 그는 조선불교의 법맥을 재건하기 위한 임제종 운동의 주역으로 선암사의 연혁과 전통을 이을 수 있는 인물로 기대를 받았다. 그러나 화엄사가 강력히 반발하고 나서자, 선암사는 사법인가를 받지 못하였다. 화엄사는 선암사에 맞서 1913년 이전부터 본산승격운동을 지속적으로 추진하였고, 1917년까지 여러 차례 본산 승격을 요청하는 청원서를 제출하였다.

1919년 3·1운동이 일어나자 일제는 전민족적 항쟁에 당황하면서 조선총독을 바꾸고 국면전환을 꾀하였다. 이 해 8월 28일 총독부는 선암사 사법을 돌연 인가하였다. 그것은 본산을 놓고 다투던 화엄사와 선암사 문제를 일방적으로 해결하려는 것이었

1920년대 화엄사 전경

다. 선암사는 사법인가를 받은 뒤 화엄사를 말사로 거느리며, 본사로서 지위를 누리고자 하였다. 11월 1일 선암사 주지 김청호(金淸昊)는 4명의 선암사 승려를 이끌고 화엄사를 방문하여 선암사 사법을 설명하려고 하였으나, 화엄사 승려의 폭력적 저항에 저지되었다. 이러한 상황에서 선암사는 1921년 1월 21일 화엄사 주지로 무등산 약사암 주지였던 김학산(金鶴山)을 추천하였다. 김학산은 임제종 운동의 주역 가운데 한 사람으로 장기림·한용운 등과 더불어 임제종 확장을 위해 노력한 인물이었다. 그는 영남의 사찰을 왕래하면서 범어사에 임제종 임시종무원을 정하고 사법과 승규(僧規)를 제정하였다. 그러나 김학산이 화엄사 승려에게 폭행을 당하여 죽게 되자 두 사찰은 감정적·법적 대립을 피할 수 없게 되었다.

31본산제의 시행

1911년 일제는 사찰령을 실시하여 전국의 사찰을 통제하면서 유독 지리산 지역은 30본산에서 제외하였다. 화엄사는 순천 조계산 선암사의 말사로, 쌍계사와 대원사는 합천 가야산 해인사의 말사로 편제되었다. 이에 따라 지리산 지역의 화엄사·천은사·쌍계사 등은 같은 계파의식을 공유하며 화엄사를 중심으로 본산승격운동을 펼쳤다. 이들은 영·호남에 관계없이 지리산 일대의 벽암문파를 주로 하는 사찰들을 묶어 특별히 하나의 본산으로 지정해 줄 것을 당국에 신청하였다.

총독부는 선암사와 화엄사가 각각 본산 지정을 요청하는 청원서를 제출하였을 때, 화엄사 본산 승격을 유보하면서 선암사본말사법도 인가하지 않는 이중적 태도를 취하였다. 선암사와 화엄사는 본산문제로 계속 갈등을 빚게 되었지만 총독부는 명백하고 확실한 매듭을 짓지 못하였다. 화엄사의 본산승격을 인정할 경우 사실상 30본산 체제의 실패를 인정하는 것이 되었기 때문이었다. 또한 총독부는 원종과 임제종 운동을 무력화하려는 불교탄압정책을 끝까지 고수하려는 속셈을 가지고 있었기 때문에 화엄사의 승격을 인정하지 않으려고 했다.

1920년대 초 조선 불교계는 교무원과 총무원이 두 파로 나뉘어 대치하였다. 기존의 본산체제에 순응하고 현상을 유지하려는 본산 주지측은 교무원 체제의 유지를 원하였다. 반면에 변혁적인 불교유신운동과 사찰령 철폐운동을 전개하였던 청년승려들은 총무원 체제를 구상하였다. 청년승려 계열은 전통불교를 수호하고 불교개혁운동을 수행하면서 항일 민족운동에 나서기도 하였다. 총독부는 교무원 체제를 중심으로 불교계의 재편을 꾀하면서 총무원을 탄압하였다.

1922년 재단법인 교무원이 설립되고 1924년 총무원의 해산과 함께 재단법인 조선불교중앙교무원이 설립되면서 총독부의 의도대로 불교계가 재편되었다. 이에 총독부는 1924년 화엄사를 31본산으로 승격시켰다. 이로써 조선 불교계는 31본산제를 중심으로 한 총독부의 불교정책에 깊이 예속되었으며 임제종 운동도 사실상 종말을 고하고 말았다.

*** 자세히 들여다보기
　김광식, 〈1910년대 불교계의 조동종 맹약과 임제종 운동〉≪한국근대불교사연구≫, 민족사, 1996
　한동민, 〈일제 강점기 화엄사의 본산승격운동〉≪만주지역 민족운동과 한국≫, 국학자료원, 2002

해방 후 여순사건과 지리산 빨치산

여순사건의 발발

한국현대사에서 지리산은 빨치산의 근거지로 주목받는 곳이다. 깊고 넓은 계곡과 웅장한 지리산의 산세는 외침과 저항의 시기에 천연 요새의 역할을 하기에 충분한 곳이었다. 근대 변혁시기의 동학과 의병이 그랬던 것처럼, 현대사에서는 빨치산 활동의 거점이 되었다.

해방 후 남한 지역의 빨치산 활동은 1948년 10월 여순사건을 계기로 본격적으로 시작되었다. 군내에서 숙군의 여파와 제주도 출병계획이 알려진 가운데 1948년 10월 19일 여수읍 신월리에 주둔하던 14연대 병사들이 제주파병을 반대한다는 명분을 내세우며 반란을 일으켰다. 남로당 세포였던 지창수 상사를 비롯한 하사관들을 중심으로 봉기한 14연대 병사들이 10월 20일 새벽 여수를 장악했고, 이들 중 주력 6백여 명은 10월 20일 김지회의 지휘아래 순천지역을 점령했다. 그리고 순천에 파견되어 있던 14연대 2개 중대가 홍순석 중위의 지휘하에 반군에 결합하면서 1천여 명의 병력이 순천 북방으로 진출하려 했으나 정부군의 저지를 받아 구례·곡성·보성 등지로 흩어졌다.

정부는 10월 21일부터 반란 진압에 나서 반군토벌 전투사령부를 광주에 설치하고, 반란 진압에 모두 5개 연대 10개 대대와 비행대, 수색대 등을 동원했다. 정부군은 10월 23일 순천, 24일 보성과 벌교, 27일에는 여수를 탈환하였다. 이어 정부군은 전북 남

산청 천왕봉 매표소 입구 빨치산 전시관의 빨치산 비트 모형

원, 전남 구례·백운산·지리산 일대로 흩어진 반군을 추격하였으며, 11월 1일 전라도 일대에 계엄령을 발포했다.

여순사건의 주도세력은 여수에서 반란을 일으킨 후 곧바로 지리산으로 입산할 계획을 갖고 있었다. 이 과정에서 반란이 순천으로 확산되었으며, 반군은 좌익세력과 결합하여 무장세력을 형성하여 장기적 빨치산 투쟁으로 전개되었다.

여순사건은 5·10 선거 이전에 발생한 제주 4·3봉기와는 달리, 전남 동부지역이 순식간에 '인민공화국 지지'를 외치는 좌익에 넘어갔다는 점에서 큰 충격을 주었다. 여순사건은 북한에 있던 남로당 지도부나 김삼룡을 위시한 서울지도부, 남로당 전남도당의 직접적 지시를 받아 발생한 것은 아니었다. 그러나 남로당은 이같은 돌발적 상황을 투쟁의 발달과정에서 발생한 필연

적인 것으로 받아들였다. 또한 이승만 정부는 체제 강화를 위해 여순사건을 적극적으로 활용했다. 1948년 12월 1일 법률 제10호로 정식 공포·시행한 국가보안법 제정은 그 대표적 사례였다.

지리산 빨치산의 자취

지리산 빨치산은 1949년 3월에서 5월 사이 핵심지도부인 김지회, 홍순석이 전사할 때까지 처음에는 지리산을 중심으로 활동하였다. 이후 전남·경북·강원 지역의 산악지대로 빨치산 활동이 확대되면서, 지리산·호남 동부지역 일부·태백산·영남지역에는 유격지구가 형성되었다. 지리산 유격지구는 전남, 경남, 전북 산악지대에 걸쳐 있었으며, 경남 산청·함양·거창·하동과 전북 무주·남원·순창, 전남 구례·곡성·영광·함평 등지에서 폭넓게 영향을 미쳤다.

1949년 하반기 이후 남한 지역 빨치산 활동은 북한 당국과 남로당 지도부의 지원을 받으며 전개되는 양상을 띠었다. 북한 당국과 남로당 지도부는 월북한 남로당원과 지지자들을 북한지역의 유격대 양성소인 강동정치학원에서 훈련시켜 1,500여 명 이상을 남한에 침투시켰으며, 이들은 오대산·태백산·지리산 등에 병단을 구성하였다. 인민유격대 제1병단은 이호제를 중심으로 오대산·태백산 일대에서 유격활동을 전개했으며, 제3병단은 김달삼과 남도부가 중심이 되어 경북 동해안 일대에서 활동했다. 지리산 지구에서 활동한 제2병단은 이현상을 사령관으로 하여 제6·7·8·9 연대 등 4개 연대가 지리산·백운산·조계산·덕유산 등지에 근거를 두고 유격활동을 전개하였다.

토벌작전으로 생포된 빨치산

격렬해진 빨치산 활동을 토벌하기 위해 정부는 1949년 9월 28일 지리산지구 전투사령부를 설치했다. 이때 정부군은 주요 산악의 부락들을 소개(疏開)하여, 전라남도에서 18만 명 이상의 농민들이 집을 떠났다. 1949년 정부군이 단행한 동계토벌작전을 통해 빨치산은 큰 타격을 입었으며, 1950년에 들어서 남한지역의 인민유격대 3개 병단은 사실상 무력한 상태가 되었다.

6·25전쟁이 발발하면서 빨치산 활동은 7월 중순경부터 다시 활발해졌다. 경남 산청일대의 지리산 빨치산들은 7월 13일 산청에서 국군, 경찰들과 교전을 벌였으며, 전남 화순에서 활동하던 지리산 빨치산들은 한천면 일대를 점령하기도 했다. 이현상이 지휘하는 지리산 빨치산 부대는 8월 10일 대구 주변 달성군 가창면 일대에서 미군 통신부대를 습격하였고, 8월 25일 경남 창령에서 5백 명 규모의 미군사령부를 기습하였다. 이현상 지리산유격대는 여순사건 관련자들을 핵심으로 한 부대로서 낙동강 계선에서 활발한 전투를 전개하였다. 이 부대는 9월 8일 경북 청도지구로 진출하여 북한 인민군과 협동작전을 벌였으며, 전투과정에서 유격대원이 더욱 증강되었다.

1950년 9월 15일 연합군의 인천상륙작전으로 남부지역에 주둔하던 인민군의 퇴로가 차단되면서 빨치산의 규모가 크게 늘어

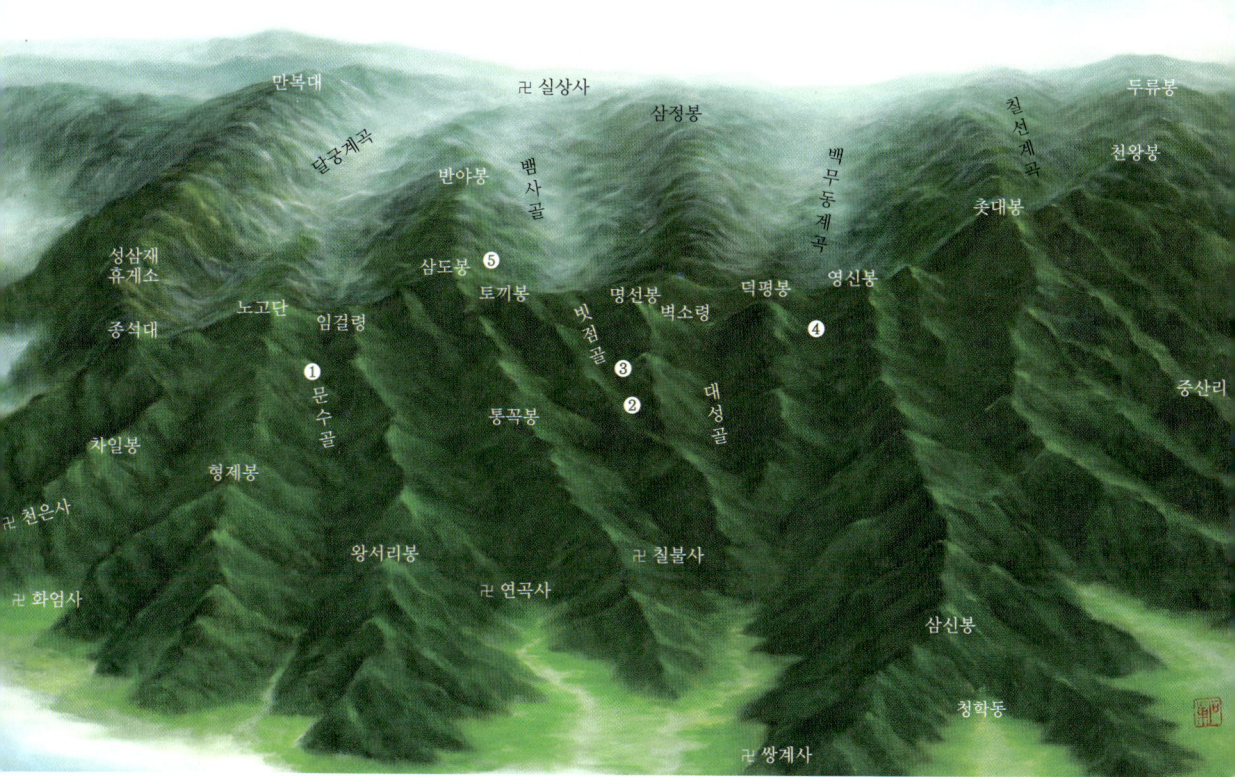

빨치산 거점 ❶ 전남 구례군당소속 빨치산 거점(1951년 11월부터 1952년 4월까지 1차 공세), ❷ 이현상 사살지점, ❸ 이현상 아지트, ❹ 경남도당소속 빨치산 거점, ❺ 전북도당소속 빨치산 거점(1953년 9월부터 1954년 5월까지 2차 공세)

났다. 이 시기에 남한지역 빨치산 활동은 대략 두 방향으로 이뤄지고 있었다. 즉 각 지역의 남로당 도당(道黨)을 중심으로 전개되는 활동과 이현상이 지휘하던 지리산 빨치산의 남부군 활동이 그것이었다.

당시 전남지역 빨치산 병력은 5만여 명이 넘는 것으로 조사되었으나, 실제로 무장한 인원은 전체의 20%에 불과했다. 지방당 조직이 입산하여 유격대로 편제를 바꾸는 상황에서 이현상의 지리산 빨치산 부대도 북으로 후퇴하여 11월에 강원도 평강군에 도착했다가, 이곳에서 대열을 정비하여 조선인민유격대 독립4지대를 조직하고 1950년 11월 중순 남하했다. 이 부대에는 기존의 지리산 빨치산 부대 대원들 이외에도 현지에서 상당수의 대원들이 추가되어 8백여 명의 규모를 이루었고, 승리사단·혁명지대·인민여단·사령부 직속 부대 등을 구성하였다.

독립4지대는 1950년 12월 조선인민유격대 남부군으로 명칭을 개칭하고 활동하였다. 남부군은 1951년 2월 경 덕유산에서 남한지역 빨치산 부대를 통일적으로 지도할 것을 결정하고, 전남과 경북도당을 제외한 나머지 지방당들을 남부군에 새로이 편제하고, 지리산을 거점으로 설정하였다. 남부군단의 주력은 전북·경남·지리산 일대에서 마을과 경찰소 등을 공격하였다.

정부군의 토벌도 한층 강화되면서, 1951년 겨울부터 이듬해 봄에 걸친 백야전 토벌로 인하여 남한 산악지역 빨치산들의 활동은 급격히 약화되었다. 백야전 사령부가 철수한 뒤에도 토벌은 지역별로 계속되었다. 이로써 1953년 8월 26일 빨치산 제5지구당 조직위원회는 지리산 빗점골에서 실질적으로 5지구당 해체 회의를 열었으며, 유격대의 조직적 활동도 마감되었다.

*** 자세히 들여다보기

김남식, 〈1948~50년 남한내 빨치산 활동의 양상과 성격〉《해방전후사의 인식》4, 한길사, 1989

한국역사연구회 현대사연구반, 〈1948년 이후의 민중항쟁과 무장투쟁〉《한국현대사》1, 풀빛, 1991

이선아, 〈한국전쟁 전후 빨치산의 형성과 활동〉《역사연구》13, 2003

지리산을 감싸며 경상우도를 가로지르는
남강 · 진주문화권

남강과 의암

지리산문화권의 동부인 이 지역은 진주를 중심으로 함양·산청·하동 등지를 포함한다. 영남의 서남부에 해당하는 이들 지역은 지리산 산록의 산길과 함양의 임천강·산청의 경호강·진주의 남강 등 물길을 통해 교류가 활발하였다.

낙동강 유역과 함께 영남문화의 근간을 이루는 이 지역은, 한편으로 섬진강변의 하동과 지리산 등을 매개로 조선시대 남명학파의 확산, 근대 변혁운동 등을 전개하면서 지리산 서쪽인 섬진강·남원문화권과 동질성을 키워 나갔다.

지리산의 성모신앙과 불교사상의 발전

산신신앙의 상징, 천왕봉 성모사와 노고단 남악사

　1천년 전 지리산의 정상 천왕봉에는 성모사(聖母祠)라는 사당이 세워져 있었다. 고려 태조 왕건의 어머니인 위숙왕후를 성모로 모신 사당이었다. 성모는 국토 수호를 위한 산신으로 상징되었다.

　지리산의 성모신앙은 신라 때 노고단에 세운 남악사에서 유래를 찾을 수 있다. 노고단에는 신라시조 박혁거세의 어머니인 선도성모(仙桃聖母)를 모신 남악사가 있었다. 신라는 국토를 수호하는 다섯 개의 산을 지정하여 오악(五岳)으로 삼았다. 남악(南岳)이란 신라 오악 가운데 하나로서, 지리산을 가리킨다. 때문에 남악사라는 명칭은 남악의 성모를 모신 사당이라는 뜻이다. 남악사가 세워진 시기는 정확히 말하기 어렵지만, 신라통일 이전의 일이었다.

　지리산은 박혁거세의 어머니와 왕건의 어머니를 노고단과 천왕봉에 모시면서, 성모신앙의 성지가 되었다. 신라는 매년 이곳에서 봄·가을에 나라의 안녕과 풍년을 기원하는 제사를 지냈다. 농경문화에서 땅은 만물을 생성하는 것으로서 숭배의 대상

천왕봉 매표소에서 바라본 해발 1,915m의 천왕봉 전경

이 되었으며, 여기에서 비롯된 신앙이 지모신(地母神)신앙이다. 곧 하늘이 아버지라면 땅은 어머니였던 것이다. 지리산의 성모신앙은 지모신신앙을 바탕으로 성립하였으며, 무격신앙과도 얽혀지면서 산악숭배신앙과 깊게 밀착되었다.

 산악숭배신앙은 우리 조상의 오래된 신앙이었다. 그러다가 불교가 들어오면서 산신은 이제 부처나 보살로 대체되어 산에는 불보살이 상주하고 있다는 사상으로 변화를 겪게 되었다. 이러한 과정에서 처음에는 무불(巫佛)이 대립하기도 하였으나 서로 조화·융합하게 되어 무와 불이 서로 다르지 않은 하나로 신앙하게 되었다. 특히 이러한 현상은 지리산에서 극명하게 보인다. 그것은 다름아닌 무당의 조상이나 시조로 여겨지는 법우(法雨)화상 설화에서 찾을 수 있다.

법우화상의 전설은 이능화(李能和)의 《조선무속고(朝鮮巫俗考)》에 전한다.
　　지리산의 옛 엄천사(嚴川寺)에 법우화상이라는 이가 있었는데, 어느 날 길을 가던 중 홀연히 산골짜기를 보았더니 비도 오지 않는데 물이 가득히 흐르고 있었다. 그래서 그 근원을 찾아 천왕봉에 이르러 보니,

지리산 성모상　산청군 시천면 중산리 천왕봉 아래 천왕사에 있는 성모상으로 석상 전체가 청색을 띠고 있다.

거기에는 몸이 크고 힘센 한 여인이 있어 스스로 '성모천왕(聖母天王)'이라 하였다. 신선인 자기가 인간으로 변하여 그대와 인연을 맺기 위함이고, 그를 위해 물로써 조화를 부린 것이라 하였다. 드디어 그들은 부부가 되어 집을 짓고 살면서 8명의 딸을 낳아 무술(巫術)을 가르쳐 전국에 무업을 행하였다는 것이다.
　　《무녀고(巫女考)》에도 신라 중엽 함양의 법우화상이 여덟 딸을 팔도에 보내어 무당을 삼았다는 내용이 보인다. 법우화상 전설은 승려가 지리산신과 혼인하여 무당의 시조로 변모하는 내력을 말해준다.
　　김종직은 1472년(성종 3) 8월 17일 천왕봉에 올라 세 칸 건물의 성모묘에 술과 과일을 차려놓고 날씨를 맑게 하여 지리산의 장엄한 광경을 볼 수 있게 해달라고 성모에게 기원하였다. 그 내용이 기록된 〈유두류록(遊頭流錄)〉에는 "사당 안 벽에는 승려 두 분의 그림이 그려져 있고, 가운데 목에 갈라진 금이 있는 성모의 석상이 있다. 목은 고려 말 왜구가 칼로 석상을 쪼갠 것을 마을

노고단 전경 해발 1,507m의 노고단은 천왕봉·반야봉과 함께 지리산 3대 봉우리의 하나이다.

사람들이 다시 붙여놓은 것이다"고 하였다.

당시 사람들은 이 성모가 석가의 어머니 마야부인이라고 생각했던 것 같다. 그런데 고려시대에는 성모를 고려 태조 왕건의 어머니 위숙왕후로 생각하였다. 그 후 시기는 확실치 않으나 천연(天然)이라는 스님이 성모상을 부수어버렸는데, 이후 다시 성모상을 만들어 음사를 계속했다고 한다. 성여신(1546~1632)의 〈유두류산시(遊頭流山詩)〉에도 이러한 이야기가 전해지고 있다.

김종직의 〈유두류록〉에서 석가모니의 어머니 마야부인을 산신으로 모셨다는 기록 또한 무불의 습합과정을 보여주는 사례이다. 구체적으로 현재 지리산의 봉우리 중에는 제석봉·반야봉 등 불교와 관련한 이름들이 전해옴을 알 수 있다.

산신숭배신앙은 수목신앙과도 관련이 있다. 단군신화에 나오는 신단수는 신과 인간을 연결시켜주는 다리의 역할을 담당하고

남악사 전경 전남 구례군 마산면 황전리에 있는 남악사는 삼국시대부터 지리산 산신제를 지냈던 곳으로 현재 건물은 1737년(영조 13)에 중수된 것을 1969년에 다시 지은 것이다.

있다. 이러한 수목신앙은 삼한시대의 소도신앙과도 관련이 있으며, 이후 마을 어귀의 성황당·서낭당이나 사찰입구에 세워지는 장승으로 연결된다. 특히 지리산 일대 사찰의 입구에는 장승이 세워진 경우를 많이 볼 수 있다. 이것은 결국 지리산의 성모신앙과 깊은 관련이 있는 것이다.

불교가 본격적으로 수용되면서 지리산 자락에는 많은 사찰과 암자, 승려들의 수도처가 만들어졌다. 불교는 부처의 말과 마음을 공부하는 교종과 선종으로 나누어 발전하게 되었는데, 지리산은 이들 모두를 포용하는 곳이었다. 특히 선종 중에서도 북종선과 남종선이 모두 이곳에 정착하게 되어 이후 한국불교의 발전에 크게 이바지하였다.

*** 자세히 들여다보기
  김상기, 〈국사상에 나타난 건국설화의 검토〉≪학술지≫5, 건국대, 1964
  최광식, 〈삼국사기 소재 노구의 성격〉≪사총≫25, 1981
  송화섭, 〈한국고대사회에서 성모와 노구〉≪백산학보≫64, 2002

신라 최초의 북종선 사찰, 단속사

신행이 창건한 단속사

단속사는 8세기 신라 승려 신행(704~779)이 당나라에서 북종선을 배워와 불법을 전했던 최초의 선종 사찰이다. 달마가 세운 중국의 선종은 8세기 초 크게 북종선과 남종선으로 나뉘어 졌다. 북종선은 중국 선종의 4대 조사 도신(道信)의 법맥을 계승한 선종 불교로서, 대체로 중국 북부지역에서 성행하였다.

당시 교종불교가 성행하던 신라사회에 북종선 계통 선종의 전파는 불교사상의 폭을 넓히는 계기가 되었다.

단속사의 창건은 경덕왕의 측근 이순(혹은 이준)과 상대등을 지낸 신충 등이 관련되어 있다. 때문에 단속사는 창건 초기부터 신라 왕실이나 중앙귀족과 깊게 연결되어 있었다.

산청군 단성면 운리의 단속사지에는 금당지·강당지 등의 초석과 동서삼층석탑, 당간지주만이 남아 있다. 폐사가 된 단속사가 주목을 받는 것은 이곳이 신라 최초의 북종선 사찰이기 때문이다.

신라의 북종선 수용은 신행과 그의 스승인 법랑(法朗)에서 비롯되었다. 이들의 활동은 김헌정이 813년(헌덕왕 5)에 지은 〈단속사 신행선사비〉에 잘 나타나 있다.

신행은 경주에서 태어났고, 아버지 김상근(金常勤)은 벼슬이 급찬에 이르렀다. 그의 종증조부(從曾祖父)는 진평왕대(579~632)에 활동했던 유학승 안홍(安弘)이었는데, 불경 번역과 저술

단속사 동서삼층석탑 보물 제72호·제73호로 각각 지정된 두 탑은 금당터로 추정되는 민가 앞에 20m 거리를 두고 나란히 있다. 이층 기단에 삼층 탑신을 갖춘 전형적인 석탑으로 통일신라시대 후기에 건립되었다. 서탑은 동탑에 비해 많이 부서지고 봉안된 사리함도 도난당하였다.

활동도 활발히 하였다. ≪삼국유사≫를 쓴 일연은 안홍을 '해동의 명현'이라고 하였다. 신행의 신분은 확실치 않으나 육두품 이상의 당대 명문가 출신이었으며, 불교에 호감을 가진 집안에서 자랐음을 알 수 있다.

그는 출가 이전에 이미 선종 관련 경전들을 공부하여 불교에 대해 조예가 깊었다. 그의 스승인 법랑은 중국 선종의 4조 도신의 법맥을 이어 받은 승려였다. 법랑이 입적 한 후, 그는 북종선을 더 배우기 위해 756년(경덕왕 15) 당나라에 들어갔다. 중국 선종 6조 신수(神秀)의 법손인 지공(志空)을 밤낮으로 받들며 3년 동안 배우고 크게 깨달았다. 그의 명망은 당나라 황제 숙종에게 알려져, 황제가 직접 시문을 내려주었다. 759년경에 귀국하여 단속사에 머물면서 북종선을 알리는데 힘썼다.

> **숙종이 신행의 구도를 칭송하며 준 시**
> 용새끼가 바다를 건너면서
> 뗏목에 의지하지 않고,
> 봉황새끼가 하늘을 날면서
> 달을 인정하지 않는구나.

그는 번뇌와 집착을 털어버리고 마음을 안정시키는 '안심(安心)'과 본래의 청정한 마음을 보도록 하는 '간심(看心)'을 강조하였다. 그가 주장하는 '간심'은 자성(自性)이 없는 마음을 깨닫는 것으로, 스스로 수행을 통해 얻어질 수 있는 것이었다. 그는 교종불교의 경전인 ≪능가경≫을 근거로 하여 선을 추구하였다. 때문에 신행은 교종불교가 추구하는 경전을 부정하지 않고 스승을 인정하였다. 이는 북종선 사상의 특징을 이루는 것이었다. 신행의 북선종 사상은 교종불교와 크게 마찰을 빚지 않았고, 법상종과 화엄종의 사상경향과도 밀접한 측면을 가지고 있었다.

신라 중대 왕실은 삼국통일 후 늘어난 인구와 넓어진 영토를 효율적으로 통치하기 위해 개혁정치를 실시하였다. 정치·사회·종교 등 여러 방면에서 다양성과 전문성을 추구하면서도 지역·계층간의 대립을 불식시키고자 하였다.

이러한 왕실의 입장은 교·선종을 아우른 북종선의 사상경향과 밀착될 수 있었다. 그러나 중대 왕실이 무너지면서 북종선도 쇠퇴하게 되었다.

단속사에 남겨진 발자취

단속사가 언제 폐사가 되었는지 확실하지 않으나 조선시대 유학자 김일손의 〈속두류록〉과 조식의 〈유두류록〉 등 지리산 기행

단속사 당간지주 높이 3.5m의 아담한 크기의 당간지주는 왼쪽 당간지주 윗부분이 부러진 채 방치되었다가 복원되었고, 오른쪽 당간지주 윗부분도 최근에 복원되었다.

문을 보면 그 시기를 대략 짐작해 볼 수 있다. 김일손은 1489년(성종 20) 4월 18일 단속사를 돌아보고 느낀 소감을 〈속두류록〉에 다음과 같이 남겼다.

대문에 들어가니 오래된 불전이 있는데 매우 질박하였고, 벽에는 면류관을 쓴 두 사람이 그려져 있다. 행랑을 따라 돌아 집 아래로 50보쯤 가니 누각이 있는데 매우 걸작이다. 정원에는 '정당매'라는 매화나무가 있다. 절간이 황폐하여 승려가 거처하지 않는 방이 수백칸이나 되었다. 동쪽 행랑에는 오백 개의 석불이 있는데 불상마다 모습이 달라 그 기이함을 형용할 수 없다.

조식은 김일손이 지리산을 기행한 지 70여 년이 지난 1558년 (명종 13) 음력 5월 단속사를 둘러보고 시 한 수를 읊었다.

솔 아래 천년 옛 절이 창연한데
사람이 한 마리 학을 따라 찾아드니
중은 굶어서 부엌이 싸늘하고
금당은 낡아 구름에 파묻혔네.
등불은 봉우리의 달을 밝혀주고
방아는 물밑의 망칫돌이 대신했네
부처 앞 향로에는 불도 꺼져
오직 재처럼 식은 마음을 보네.

김일손은 단속사에서 오래된 금당과 아름다운 누각을 보았으며, 1백 칸의 건물과 오백불들을 보고 감탄하였다. 그러나 조식이 방문했을 때 단속사는 거의 쇠락해가고 있었다. 부처에게 사르는 향도 없는 매우 초라한 모습으로 바뀌었던 것이다.

일설에는 성여신(1546~1632)이 절을 모두 태워버렸다고도 하며, 정유재란 때 왜군의 방화로 소실된 것으로 전해진다. 이를 종합해 보면 단속사는 15세기 초 퇴락해가기 시작하여 정유년에 완전히 폐허가 된 것으로 이해된다.

현재 단속사는 폐사가 되어 당시의 융성했던 모습은 알 수 없으나 조선시대의 지리산유람기나 기타 문헌을 통해 당시의 건물 배치를 대략 그려볼 수 있다.

먼저 '지리산단속사'라고 쓰여진 일주문 앞에 당간지주와 탄연선사비가 있었으며, 서쪽에는 신행선사비가, 북쪽에는 감현선사 통조(通照)의 비가 있었다. 일주문을 지나 두 기의 삼층석탑이 있고, 그 뒤에 면류관을 쓴 신라 효성왕과 경덕왕의 벽화가 있는 금당이 있었으며, 건물들은 좌우 행랑으로 연결되어 있었음을 알 수 있다. 다만 누각이 어느 곳에 위치하였는지는 알 수 없으나 일반적으로 일주문과 석탑 중간에 있었을 것으로 추정해 볼 수 있다. 절 안 동북쪽에는 최치원이 독서하던 독서당이 있고, 절 마당에는 '정당매'가 있었다. 이 외에 1백여 칸의 건물들이 있었다.

또한 솔거(率居)가 그린 유마상(維摩像)이 있었다고 하며, 고려시대에는 인종의 왕사였던 대감국사 탄연(1070~1159)이 1148년부터 입적할 때까지 머물며 많은 제자들을 양성하여 선교의 발전에 크게 이바지하였다. 1226년(고종 13) 이곳에서 ≪선문염송집(禪門拈頌集)≫을 간행하였으며, 무신집권기에는 최씨정권과 결탁되기도 하였다.

고려 말에 강회백(姜淮伯, 1357~1402)은 이곳에서 공부하여 과거 급제해 벼슬이 정당문학에 올랐다. 그가 공부할 때 심은 매화나무가 있었는데, 그의 벼슬이 정당문학이었으므로 이 나무를 정당매(政堂梅)라 하였다. 지금의 나무는 강회백이 심은 매화나무가 1백여 년이 지나 죽자 그의 증손이 다시 심은 것이지만 지금까지도 매년 꽃을 피운다. 조선시대에는 서산대사 휴정과 사명당 유정이 머물렀고, 조식이 이들과 교유하였으며, 조식이 사명당에게 주었다는 시를 비석으로 만들어 현재 절 입구에 세워 놓았다.

꽃은 조연(槽淵)의 돌에 떨어지고
옛 절 축대엔 봄이 깊었구나.

이별하던 때를 잘 기억해 두게나
정당매 푸른 열매 맺었을 때.

조선시대에 들면서 단속사뿐만 아니라 지리산 주변의 절들도 점점 쇠퇴하기 시작하였다. 유학을 숭상하고 불교를 배척하는 정책이 불교를 쇠퇴하게 했던 가장 큰 이유였다. 또한 중들에게 많은 부역을 부담시켰고, 그 부역이 매우 고된 노역이었기에 중들이 줄어들게 되었고, 결국 절이 쇠락하게 되었다.

양대박(1543~1592)이 1586년 9월 지리산을 유람한 후 지은 〈두류산기행록(頭流山紀行錄)〉에는 군자사의 퇴락한 모습을 보고, 그 이유를 중에게 물어본 내용이 전한다. 군자사의 주지승은 유람객들이 연이어 찾아오고 관청의 부역이 산더미처럼 많아 중들이 갈수록 줄어들고, 절도 점점 퇴락하게 되었다고 하였다.

*** 자세히 들여다보기
 이기백, 〈경덕왕과 단속사 원가〉《신라정치사회사연구》, 일조각, 1974
 김두진, 〈신라하대 선종사상의 성립과 그 변화〉《전남사학》11, 1991
 여성구, 〈신행의 생애와 사상〉《수촌박영석교수 화갑기념 한국사학논총》상, 1992
 정선녀, 〈신라 중대말·하대초 북종선의 수용—〈단성단속사신행선사비문〉을 중심으로〉《한국고대사연구》12, 1997

지리산의 남종선 사찰, 쌍계사

쌍계사를 세운 혜소

쌍계사는 혜소(774~850)가 세운 사찰이다. 혜소는 도의와 더불어 중국 선종 제6대 조사인 혜능(638~713)의 남종선을 신라에 들여온 이후 선종의 성행에 크게 이바지 한 승려였다. 그러나 쌍계사가 세워지기 전에 삼법(三法, ?~740)이 이곳에 머물며 불법을 전하고 있었다. 지은이를 알 수 없는 〈지리산쌍계사기〉에는 신라 성덕왕대 규정(圭晶)·삼법·김대비 등이 남종선 수용의 선구자였음을 전하고 있다.

'삼신산 쌍계사' 일주문

미륵사의 승려 규정이 언제 입당(入唐)했는지 알 수 없으나 719년(성덕왕 18) 혜능의 ≪법보단경(法寶壇經)≫을 가지고 돌아왔다. 한편 삼법은 부석사의 의상에게서 화엄을 배우다가 혜능의 문하에 들기를 원해 입당을 시도했으나 뜻을 이루지 못했다. 다만 규정이 가지고 온 ≪법보단경≫을 얻어 보고는 혜능을 더욱 사모하게 되었다. 그 마음이 전해졌는지 김유신의 부인이었던 법정니(法淨尼)의 도움으로 입당하게 되었고, 앞서 입당한 백률사의 승려 김대비와 함께 혜능의 두개골을 가지고 723년(성덕왕 22)에 귀국하였다. 귀국 후 김대비와 함께 지리산 화개곡으로 가서 돌 상자에 혜능의 두개골을 넣어 보관하였다. 이 후 740년 입적할 때까지 이곳에 머물면서 인혜(仁慧)·의정(義淨) 등에게 불법을 전하였다.

삼법의 입적 후 이곳은 쇠락해졌고, 그의 선법은 신라사회에서 크게 받아들여지지 않았다. 삼법은 남종선 수용의 선구자였으나 이때 신라에는 남종선이 수용될 수 있는 분위기가 조성되어 있지 못하였다. 821년 입당유학승인 도의가 귀국하여 남종선을 전하려고 했을 때에도 교종세력의 반발을 받아 양양의 진전사에 은둔했던 사실을 보면 짐작된다. 이후 혜소가 당에서 돌아와 삼법이 머물던 절터에 절을 짓고 선법을 전하였다.

혜소는 전주에서 태어났다. 아버지 최창원은 독실한 불교신자였다. 그의 어머니는 인도의 승려가 와 아들이 되고자 한다는 꿈을 꾸고 얼마되지 않아 그를 낳았다. 집이 매우 가난해 생선을 팔아 부모를 봉양하였는데, 부모가 죽자 804년(애장왕 5) 사신을

쌍계사 진감선사 대공탑비
최치원이 비명을 짓고 글씨까지도 쓴 유일한 비이다. 진감선사 혜소는 혜능의 남종선을 받아들였고, 동방의 보살로 숭앙받았다. 그의 선풍은 구산문에 들지 않지만 또 하나의 산문을 형성하였다.

쌍계사 진감선사대공탑 보물 제380호로 지정된 진감선사 혜소의 사리탑으로 쌍계사 뒤 탑봉우리 능선에 있다. 전형적인 팔각원당형이지만 일부 조각이 생략되거나 형식화된 9세기 후반의 부도 양식을 보인다.

따라 당나라에 갔다가 출가를 결심하게 되었다.

그는 창주로 가서 신감(神鑑)대사의 제자가 되었으며, 얼굴이 검다 하여 흑두타(黑頭陀)로 불렸다. 810년(헌덕왕 2) 달마조사가 9년을 면벽했던 숭산 소림사에서 계를 받고, 앞서 유학중이던 도의와 함께 전국을 돌아다니며 선의 이치를 깨닫고자 하였다. 821년 도의가 신라로 돌아가자, 그는 홀로 종남산에 들어가 지관(止觀)을 닦았으며, 산에서 내려와서는 짚신을 삼아 3년 동안 오가는 사람에게 나누어 주었다. 830년(흥덕왕 5) 신라로 돌아와 상주 장백사(長栢寺)에 머물다가 지리산으로 옮겨 삼법화상이 창건한 옛 절터에 절을 짓고 살았다. 그 뒤 옥천사(지금의 쌍계사)를 짓고, 육조 혜능을 모신 영당을 세워 많은 제자들을 가르치고 백성들을 제도하면서 77세의 나이로 입적하였다.

3년동안 짚신을 만들어 사람들에게 보시했던 그는 귀국 후 도의와 함께 동방의 두 보살로 숭앙되었다. 민애왕은 만나기를 요청하였으나 응하지 않자 사신을 보내 혜조(慧照)라는 이름을 내려주었고, 서울로 오도록 요청하였으나 응하지 않았다. 성품에 꾸밈이 없고 지위의 고하를 따지지 않고 모든 사람들을 똑같이

대하였다. 또한 거친 삼베옷이라도 따뜻하게 생각했으며, 도토리와 콩을 섞은 밥에 채소 반찬 한 가지로 식사를 하였다. 그는 소박하고 초졸한 성품을 가지고, 대중과 함께 선을 닦는 것을 유일한 낙으로 삼았다.

몸소 실천행을 닦았던 그는, 깨달음의 세계를 알지 못하고 오탁악세에 안주해 살아가는 사람들이 굶주려도 먹지 못하고, 갈증이 나도 마시지 못한다고 걱정하였다. 당시 신라인들은 도라는 것이 멀리 있어 도저히 자기 것으로 할 수 없다고 생각하였다. 성주사 무염(800~888) 또한 이것을 고민하여 사람들에게 "어찌 도가 너희를 멀리 하겠는가? 저 사람이 마신 것으로 내 목마름을 해소할 수 없고, 저 사람이 먹는 밥으로는 나의 굶주림을 구하지 못한다. 어찌 노력하여 스스로 마시고 먹지 아니하느냐"라고 말하였다.

또한 혜소는 불교음악인 범패를 이용하여 중생들을 제도하였다. 이후 범패는 수행의 한 방법으로, 또는 중생제도의 방법으로 많은 선사들이 사용하였다. 그리고 중국으로부터 차나무를 들여와 지리산 일대에 재배하였으며, 의술에도 깊은 조예가 있었다. 제자는 법량(法諒) 등 수백 명에 이르렀는데 현재 그의 선사상과 법맥은 구산문에는 들지 않지만 또 하나의 산문을 형성했을 것으로 이해된다.

쌍계사의 자취와 문화재

하동군 화개면 운수리에 있는 삼신산 쌍계사는 대한불교조계종 제13교구 본사로 남해군 보리암·용문사, 통영시 용화사·미래사, 하동군 칠불사, 고성군 옥천사·운흥사·문수암, 구례군 불락사, 광양시 무등암 등 59개의 말사와 부속 암자를 관할하고 있다.

쌍계사는 화개동 두 개의 계곡 사이에 위치한다 하여 불려지게 되었다. 본래의 이름은 옥천사였는데, 주위에 같은 이름의 절이 있어 혼동을 피하기 위해 정강왕이 지금의 이름으로 바꾸도록 하였다. 눈속에서도 칡꽃이 폈다는 화개동(花開洞)은 법신불 비로자나불의 불국토인 연화장세계에 비견될 정도로 풍광이 뛰어나 항아리 속에 있는 별천지라고 불릴 정도였다. 뒤로는 노을진 산봉우리

쌍계사 육조정상탑전 중국 선종 제6대조 혜능의 두개골을 모신 전각으로 혜소가 처음 건립하고 '육조영당'이라고 불렀다가 뒤에 금당으로 고쳐 불렸다. 건물 안의 칠층석탑은 용담이 목암사의 석탑을 옮겨놓은 것인데 그 뒤 육조정상탑으로 불려졌다.

에 의지하고, 아래로는 구름덮인 계곡물이 내려다 보이는 곳으로, 봄에는 시냇가의 꽃이 만발하고, 여름에는 산길의 소나무가 울창하고, 가을밤에는 계곡의 달이 은은하며, 겨울에는 산을 덮은 눈으로 장관을 이루는 곳이었다.

쌍계사는 임진왜란 때 불탄 뒤 조선 인조대 승려 벽암(碧岩)이 중창해 지금에 이르고 있는데, 본래 사찰 중심은 지금의 팔상전 자리였다고 한다.

'삼신산쌍계사(三神山雙磎寺)' 라는 예서체 현판을 단 일주문

쌍계사 마애불 　대웅전 동쪽 큰 암석에 새겨진 마애불은 머리가 크고 옷과 손 모양이 두툼한 고려시대 불상이다.

은 1614년(인조 19)에 벽암이 세웠다. 이 문을 지나면 사자를 탄 문수동자와 코끼리를 탄 보현동자를 모신 금강문과 사천왕을 모신 천왕문에 이르게 되고, 다시 팔영루 옆의 계단을 오르면 대웅전 앞마당에 올라서게 된다. 팔영루는 혜소가 섬진강에 뛰노는 물고기를 보고 팔음률로서 어산(범패)를 작곡했다고 해서 붙여진 이름이다.

　대웅전 앞 마당에는 진감국사 혜소의 도덕과 법력을 기리는 진감선사대공탑비(眞鑑禪師大空塔碑, 국보 제47호)가 있다. 혜소는 죽기 전 제자들에게 유언으로 자신의 탑과 비석을 세우지 말고 각자 한마음으로 도를 닦으라고 하였다. 제자들은 스승의 말을 어길 수 없어 고민하던 차에 세속의 제자 양진방과 정순일이 비명을 새길 것을 건의해 헌강왕이 '진감선사'라는 시호와 함께

지리산의 성모신앙과 불교사상의 발전 ·········· 173

쌍계사 효성각 꽃담장

'대공영탑'이라는 탑의 이름을 내려주었다. 이어 정강왕이 886년 7월 최치원에게 글을 짓도록 하였고, 환영이 글자를 새겼는데 다음 해 7월에 완성되었다.

마당 좌우에는 스님들이 기거하고 공부하는 요사채인 적묵당과 설선당이 있다. 팔영루 정면으로 대웅전(보물 제500호)이 보인다. 대웅전 안에는 해인사 다음으로 많은 불경 판각 743매가 보관되어 있다. 그 앞에는 기둥이 부러지고, 화사창이 없는 석등이 있다.

팔영루 왼쪽 산 능선에는 칠층석탑을 모신 육조정상탑전과 영산회상도(보물 제925호)를 모신 팔상전이 있다. 이 외에도 지장보살·시왕을 모신 명부전과 석가모니불·십육나한을 모신 나한전이 있다. 이 외에 혜소의 부도탑이 산 기슭에 있으며, 1903년 주지 손민선사가 건립했다고 하는 청학루가 있다.

*** 자세히 들여다보기

김승찬, 〈진감선사와 쌍계사 전설〉≪한국민족문화≫15, 2000

김복순, 〈진감선사(774~850)의 생애와 불교사상에 관한 연구〉≪한국민족문화≫15, 2000

최치원을 기려 이름한 학사루

최치원의 삶

　최치원은 신라 말에 활동하였던 사상가로 한국 유학의 종조이자 한국 한문학의 비조로 추앙되어 지금까지 존숭받고 있다. 그는 857년(헌강왕 1) 유교와 불교에 상당한 관심을 가졌고 당나라의 권위에 민감하였던 집안에서 태어났다. 아버지 최견일은 경문왕계 왕실과 친밀하였는데 당시 왕실은 유학과 불법을 존숭하면서 숙위학생을 등용하여 왕권을 강화하려 하였다. 이러한 분위기에 따라 그는 868년(경문왕 8) 12세 어린 나이에 중국으로 유학을 떠났다.

　최치원은 일찍부터 당나라 유학을 통해 높은 관직에 진출하려는 의지를 가졌다. 당에 들어가 태학에서 유학을 익혔고 6년 뒤 국자감 학생으로서 진사의 대우를 받는 생도시의 빈공진사시에 합격하였다. 876년 말단의 지방관직인 선주 율수현위에 임명되었지만 고급관료가 되려고 1년만에 사임하고 입산하여 시부와 책문을 연마하였다. 그러나 경제적인 어려움과 함께 당시 당나라 전역을 유린하였던 황소의 약탈 위협을 피해 회남절도사 고변에게 나아갔다. 그는 고변의 휘하에서 4년 동안 감찰과 문한의 임무를 맡아 활동하면서 황소를 질책하는 〈격황소서〉를 작성하여 이름을 날렸다.

　최치원은 당에서 얻은 명망을 자부하며 884년 가을 신라 사신 김인규, 사촌동생 최서원 등과 함께 금의환향의 길에 올라 이듬해 3월 신라에 도착하였다. 이후 국왕 측근의 문한직인 시독겸 한림학사를 맡아 왕실이 일으킨 불교 행사의 각종 발원문을 작성하고 왕명으로 사산비명을 찬술하면서 경문왕계 왕실의 왕권 강화에 참여하였다.

최치원은 889년(진성여왕 3) 전국 곳곳에서 초적이 봉기할 즈음 태산군(지금의 정읍)·부성군(지금의 서산)·천령군(지금의 함양) 등의 지방관으로 나아갔다. 893년 당에 사신으로 파견되었으며, 894년 진성여왕에게 사회를 개혁하기 위한 시무책 10여 조를 올려 아찬으로 승진되었다. 그러나 이듬해 시무책을 반대하는 세력이 헌강왕의 서자 요(嶢)를 태자로 책봉하자 지방 곳곳을 유랑하다가 897년 진성여왕을 따라 해인사에 은거하였다.

최치원은 경문왕계 왕실의 권위를 높이고 안녕을 기원하였던 왕실 측근의 관료이자 사상가였다. 그는 국왕이나 왕족과 교류하면서 왕실의 안녕을 염원하는 각종 불교 행사에 참여하며 글을 직접 작성하였다. 또한 그는 892년 견훤이 신라의 서남 지역을 장악하고 후백제를 건국하자 후백제 건국 이전부터 동요하였던 서남 지역의 민심을 위무하려고 노력하였다. 천령을 비롯한 태산·부성의 지방관을 역임한 것은 최치원이 지방사회의 안정을 꾀했던 진성여왕의 의도를 따른 결과였다.

그는 재당시절 절도사 밑에서 활동하며 당시 절도사들이 자신이 확보한 지역을 다스리면서 독자세력화하였던 지방 사회의 변화를 직접 경험하였다. 특히 말단 지방관을 지내며 지방 사회의 현실을 직접 목격하기도 하였다. 이러한 경험 때문에 그는 890년 무주도독 김일을 따라 직접 태산군과 부성군의 태수로 나아가 서남 지역의 민심을 회유하면서 후백제의 세력확장을 경계하려고 하였다.

학사루와 천령태수 최치원

892년 후백제의 건국은 신라 사회에 큰 충격을 주었다. 신라 지방군을 규합하여 독자적인 정권을 세운 견훤이 무력을 앞세워 경주를 위협하였기 때문이다. 무진주(지금의 광주)를 수도로 삼은 견훤은 섬진강을 따라 남해안을 거쳐 낙동강으로 올라와 경주로 침입하거나 남원과 함양을 거쳐 합천·고령·청도를 넘어 경주로 들어올 수 있었다. 실제로 901년에 견훤은 남원과 함양을 거쳐 합천의 대야성을 위협하였다.

고운 최치원 초상

이미 신라 왕실의 지방 지배력 약화를 걱정하면서 태산군과 부성군의 태수로 스스로 나아갔던 최치원은 후백제와 접했던 군사전략상 요충지를 방어하려고 하였다. 그는 남원에서 합천을 잇는 지리산 북부의 중요한 교통로에 위치한 천령군 태수를 맡았다. 최치원이 천령태수로 임명된 시기는 정확하지 않지만, 견훤의 후백제 건국 이후부터 893년 사신으로 임명되기 이전의 시기였을 것이다.

함양군 함양읍에는 최치원과 관련된 두 곳의 유적이 있다. 대덕리에 있는 상림(上林)과 학사루(學士樓)가 그것이다. 대관림(大館林)이라고도 불리는 상림은 함양읍 서쪽을 흐르는 위천(渭川)의 호안림(護岸林)이다. 상림은 최치원이 천령태수로 재직할 때 위천의 홍수 피해를 막고자 둑을 쌓아 강물을 돌리고 여러 종의 나무를 심어 만들었다고 전한다.

지리산의 성모신앙과 불교사상의 발전

함양군청 앞 학사루

함양군청 앞 운림리에 있는 학사루는 언제 건립되었는지 알 수 없으나 최치원이 자주 누각에 올라 시를 읊었던 곳이다. 후세 사람들은 최치원을 기려 이곳을 학사루라고 불렀다. 이후 고려 말 왜구의 침입으로 함양의 사근산성이 함락될 때 소실되었다가 1692년(숙종 18)에 중수되었다. 정면 5칸 측면 2칸의 2층 누각 건물은 홍학재(興學齋)·함덕학교 등으로 운영되었으며, 군립도서관으로 이용되었다가 1979년 군청 앞 현재의 자리로 옮겨 세워졌다.

학사루는 조선시대에 무오사화가 일어난 진원지였다. 김종직이 함양 현감으로 있을 때 학사루에 올라 당시 관찰사 유자광의

최치원이 조성한 인공림, 상림 현재 면적 205,842㎡의 터에는 소나무·측백나무·굴참나무·떡갈나무·상수리나무 등을 비롯하여 다양한 종류의 덩굴이 있다.

시판(詩板)을 보고 "어찌 소인배의 글이 학사루에 걸려 있는가. 당장 철거하라"고 명령을 하였다. 이 일로 김종직과 유자광은 감정이 상했으며, 이들이 조정에 천거되어 중앙관직을 맡으면서 감정이 더욱 나빠져 1498년(연산군 4)에 무오사화가 일어나는 발단이 되었다.

최치원은 전국 곳곳에 자신의 흔적을 남겼다. 경주의 남산, 의성의 빙산, 합천의 청량사, 지리산의 쌍계사, 마산의 별서 등은 대표적인 유적지이다. 그는 신라 사회를 개혁하려는 시무책이 사실상 실행되지 못하고 진골귀족의 견제를 받자 경주를 떠나 곳곳을 유랑하였다.

당시 신라는 경상도 일대만을 지배하는 처지였기 때문에 그의 유랑지는 북쪽으로는 의성의 빙산 일대, 남쪽으로는 동래의 태종대 일대에 국한되었다. 합천의 청량사와 하동의 쌍계사는 함양의 학사루와 함께 지리산 일대에 남긴 유랑지였다. 최치원은 이곳에서 시를 읊고 글을 지은 뒤 가족을 이끌고 해인사에 은거하였다. 합천 가야산 홍류동과 쌍계사 입구에 남겨진 석각과 함께 학사루에 전해지는 최치원의 행적은 세상을 등진 사상가가 말년에 신라 고유신앙의 자취가 남아 있는 지리산에 의지해 자신의 삶을 마감하였던 회한을 담고 있다.

지리산 일대에 남아 있는 최치원의 유적은 지리산 일대의 승려들과도 관련을 맺고 있다. 특히 최치원은 쌍계사를 창건했던 혜소의 탑비를 직접 짓고 쓰기도 하였다. 유학자인 최치원은 혜소의 성품과 선사상을 충분히 공감하고 있었다. 이로써 최치원을 통해 유학과 불교는 함께 융합될 수 있는 계기가 마련되었다. 선종사상을 중심으로 교종불교를 이해하고 있던 조계종 승려 혜심이 13세기 초 송광사에서 '유불이 결국 하나의 근원에서 나왔다'는 유불동원사상을 제기할 수 있었던 것은 이와 같은 배경에서 가능했던 것이다.

*** 자세히 들여다보기
  이기백,〈신라 골품체제하의 유교적 정치이념〉《신라사상사연구》, 일조각, 1986
  이재운,《최치원연구》, 백산자료원, 1999
  장일규,《최치원의 사회사상 연구》, 국민대 박사논문, 2001

지리산을 노래한 최치원의 시

어느 산승에게 줌	贈山僧
스님이여, 청산이 좋다고 말하지 마오.	僧乎莫道靑山好
산이 좋다면 무슨 일로 다시 산을 나오는가.	山好何事更出山
이 다음에 내 자취 한 번 보구려.	試看他日吾踪跡
한 번 청산에 들면 다시는 나오지 않으리니.	一入靑山更不還

지리산에 숨어 세상을 피할 때 쓴 시	智異山遁世詩
우리나라 화개동은	東國花開洞
항아리 속의 별천지라네.	壺中別有天
신선이 옥베개를 밀어 일어나니	仙人推玉枕
순식간에 천년이 지났네.	身世欻千年

　최치원은 말년에 여러 곳을 유랑하다가 가족을 이끌고 가야산 해인사에 입산하였다. 이 때 그는 자신의 이상과 욕심이 좌절되자, 현실세계를 등질 소회를 시로 남겼다.

　〈어느 산승에게 줌〉은 구전(口傳)으로 전해지는 시이다. 시에서 그는 청산에 들어가 세속과 인연을 끊고 다시는 나오지 않겠다는 의지를 거듭 다짐하고 있다.

　〈지리산에 숨어 세상을 피할 때 쓴 시〉는 세속을 떠나 은거하였던 최치원의 행적을 후대 사람들이 거론하면서 그의 작품으로 구전된 시이다. 최치원은 이제 세상과의 인연을 개의치 않고 피안에 머물고 있다.

고려시대 지배세력과 문화의 혁신

중국과 외교를 펼친 강주호족 왕봉규

신라 9주의 하나, 강주와 왕봉규

　지리산 계곡에서 흘러나온 물길은 운봉에서 서쪽으로 섬진강을 이루고 동쪽으로 남강을 형성하였다. 신라말 고려초 섬진강 유역에 승주호족 박영규(朴英規)가 있었다면 남강 유역 주변에는 강주 지역을 점령한 왕봉규(王逢規)가 있었다.

　강주는 신라 지방제도의 중심지인 9주의 하나였다. 신라의 삼국통일 후 신문왕은 완산주와 함께 청주를 신설하면서 기존의 거타주(거창)를 나누어 청주에 합하였고, 청주는 경덕왕대에 강주로 이름이 바뀌었다. 강주에는 진주·남해·하동·고성·함안·거제·궐성(산청 단성)·천령(함양)·거창·고령·강양(합천)·성산(성주·칠곡) 등이 포함되었다. 오늘날 섬진강 하류의 동쪽 남해안 일대 및 지리산 동쪽에서 낙동강 서쪽에 이르는 내륙 지역이 강주에 속하였다.

　강주는 지리산 동쪽 지역을 사실상 모두 아우르고 있었다. 남강과 경호강을 따라 내륙의 궐성·천령·거창 등 지리산 북동쪽 지역이 연결되었고, 남강과 황강을 따라 합천·고령·성산 등

진주의 젖줄, 남강 전경

낙동강 유역으로 진출할 수 있었다. 또한 남해안을 따라 남해·하동·고성·거제를 거쳐 목포나 김해로 이동할 수 있었고, 하동을 통해서 섬진강 유역을 따라 지리산 서쪽 지역으로도 나아갈 수 있었다. 그래서 강주는 일찍부터 백제와 신라의 교통로로 활용되거나 두 나라의 치열한 영역 다툼이 벌어지는 접전지였다. 신라 말 전국적으로 초적이 봉기하여 신라 사회가 혼란에 빠지자 강주에서도 호족세력이 일어났다. 그가 강주호족으로 불린 왕봉규였다.

왕봉규의 대중국외교

진성여왕 때 이미 9주의 하나인 사벌주(상주)에서 원종과 애노가 반란을 일으켰다. 왕봉규 역시 진성여왕 이후에 강주를 거점으로 일어났다.

왕봉규가 강주 지역을 장악한 시기는 정확하지 않다. 다만 다른 호족세력과 달리 924년(경명왕 8) 천주절도사라고 스스로 칭하면서 후당(後唐)에 사신을 보내 조공하였고, 927년(경애왕 4)에는 강주 지역을 다스리는 권지강주사로서 후당으로부터 회화대장군이라는 관호를 받았다는 사실만 알 수 있다. 그는 일개 지방세력이었지만 후당과 외교관계를 맺을 정도로 상당히 큰 규모의 호족이었다. 그것은 강주가 신라 9주의 하나로 지방지배의 거점이었기 때문에 가능하였다.

강주 지역에는 왕봉규 이외에 또 다른 호족세력이 있었다. 그는 강주장군으로 불렸던 윤웅(閏雄)과 유문(有文)이다. 윤웅은 920년(태조 3) 봄에 아들 일강을 왕건에게 보내 귀부하였고, 유문은 928년 견훤과 싸우다가 항복하였다. 왕건은 윤웅에게 아찬의 관등을 제수하고 행훈의 누이와 결혼시켰다.

강주장군 윤웅이 왕봉규보다 앞서 왕건에게 항복하였지만, 이들은 모두 친고려적 성격을 가졌다. 왕봉규의 대중국통교는 남해안 도서를 통해서 가능하였다. 견훤과 함께 서남해안 해상권을 다투었던 왕건은 영산강 하류인 나주를 장악하여 견훤의 서해안 진출을 억제하였지만 승주가 이미 견훤의 수중에 들어가 남해안 해로의 장악에 고심하였다. 왕봉규는 중국과의 통교를 위해 대중국 항로의 요지인 나주 지역을 거쳐야만 하였다. 이 때문에 왕건과 왕봉규는 서로 연결될 수 있었다. 왕봉규는 왕건이 장악한 나주를 통해 중국을 오갈 수 있었고, 왕건은 신라를 제압하려는 승주호족 박영규의 동쪽 진출을 막기 위해 강주 일대에 영향력을 미칠 필요가 있었다. 이러한 분위기에서 윤웅은 왕건에게 귀부하였고, 왕봉규의 부하로 대중국외교를 담당하였던 임언(林彦)은 서해안을 따라 북상하여 천안 지역의 호족세력이 되었다.

후삼국시기 지리산 일대는 태봉과 후백제, 고려와 후백제의 각축장이었다. 궁예와 견훤, 왕건과 견훤은 각각 영향력을 넓히기 위해 이 지역의 호족세력과 결합하여야 했다. 호족 역시 자신들의 입지를 확고히 하고 살아남기 위해 이들과 연합하거나 휘하에 들어가는 수밖에 없었다. 그런 탓에 박영규는 견훤과 일찍이 연결되었고, 신숭겸과 왕봉규는 왕건과 연고를 맺었다. 왕건은 후삼국통일 전쟁에서 승리하고 후삼국시기의 혼란을 수습하면서 승주 지역보다는 강주 지역에 많은 관심을 보였다. 그 결과 강주는 12목의 하나인 진주목으로 독립하였고 승주는 장흥부에 예속되었다.

*** 자세히 들여다보기
김상기,〈나말 지방군웅의 대중통교—특히 왕봉규를 중심으로〉《동방사논총》, 서울대출판부, 1974
김철준,〈후삼국시대의 지배세력의 성격〉《한국고대사회연구》, 지식산업사, 1975
정청주,《신라말고려초 호족연구》, 일조각, 1996

고려대장경을 판각한 남해분사도감

해인사 대장경판 국보 제32호로 지정된 해인사 소장 대장경판은 모두 81,258장이다. 원래 강화도 성 서문 밖의 대장경 판당에 보관되었다가 선원사를 거쳐 1398년(태조 7) 해인사로 옮겨졌다. 가로 70cm, 세로 24cm의 경판은 3~4kg이다.

대장경의 수입과 제작

대장경(大藏經)은 부처의 설법을 모은 불교성전을 말한다. 석가모니가 입적한 뒤 제자들은 말씀을 모을 필요를 느껴 경·율·론 삼장(三藏)의 결집을 이루었다. 불교성전은 원래 고대 인도어인 산스크리트어와 팔리어로 표기되었지만, 불교가 여러 곳으로 전파되면서 한자어와 티벳어 등으로 번역되었다. 중국은 1세기부터 대장경을 한자어로 바꾸어 한역대장경(漢譯大藏經)을 조성하였고, 역대 왕조들은 이를 후원하였다. 이후 대장경은 주변 국가로 전래되었다.

고려는 여러 차례 불교경전을 수입하였다. 928년(태조 11) 홍경이 당나라에서 대장경 일부를 가지고 오자 태조는 개경의 제석원에 보관하게 하였다. 이후 성종·현종·문종·숙종·예종대 등 모두 아홉 차례에 걸쳐 대장경을 수입하였다.

고려는 대장경을 수입한 뒤 이를 경판으로 만들었다. 처음 대장경판은 현종대와 문종대에 만들어졌다.

대장경판이 처음 새겨진 시기나 장소는 알려져 있지 않다. 1011년(현종 2)부터 사업이 착수되어 실제 판각은 1020년 경에 진행되었으며 1031년 3월 경 초조대장경이 완성되었다. 그 뒤 문종대에 그동안 없어진 경판 일부가 다시 판각·보완되었고, 선종대에는 대각국사 의천이 송나라에서 수집한 경판을 덧붙여 1090년(선종 7)에 속장경으로 완성하였다. 그러나 1232년(고종 19) 몽골군이 부인사에 소장 중인 초조대장경을 모두 불태워 대장경을 다시 판각해야 할 필요가 생겼다.

고려대장경 내용과 판각

고려대장경에는 전체 1,496종 6,568권의 경전이 천자문의 순서로 천함(天函)부터 동함(洞函)까지 수록되어 있다. 여기에는 소승·대승의 경·율·론 삼장과 전기류 등의 역사서, 역대 대장경 목록, 용어를 해설한 음의(音義) 등이 실려 있다. 그리고 대장경 판각 당시 수기(守其) 등이 교감하였던 결과를 정리한 ≪고려국신조대장교정별록(高麗國新雕大藏校正別錄)≫에는 간행 당시의 편성 내용이 기록되어 있다.

고려대장경은 초조대장경의 저본이었던 ≪개원석교록≫에 수록된 것 이외에 수기가 독자적으로 추가한 내용이 포함되었다. 수기는 당시까지 전래된 불교경전은 물론 이전에 쓰여진 승려의 논소를 취사선택하여 수록하였다.

수기가 주도한 고려대장경의 판각은 최씨무인정권의 도움을 받아 진행되었다. 강화도로 수도를 옮겨 대몽항전을 전개하던 무인정권은 불타 없어진 대장경을 대신해 새롭게 판각하여 항전의지를 높이려고 하였다. 당시 최고 권력자인 최우(崔瑀)는 초조

해인사 장경판전 1995년 유네스코 세계문화유산으로 등록된 장경판전은 세계 유일의 대장경판 보관 건물로 해인사 전각 가운데 가장 오래 되었다. 조선 초기부터 여러 차례 중수되었으며, 정면 15칸 측면 2칸의 두 건물은 남쪽 건물이 '수다라장', 북쪽 건물이 '법보전'으로 불린다. 두 건물 사이 동쪽과 서쪽에는 1칸의 작은 서고가 있다.

대장경이 몽골병에 의해서 소실되었기에 백성의 불만을 호국이라는 종교적 신앙으로 전환시키고, 당시 무인정권에 대한 교종 불교의 저항을 무마하려고 대장경 판각을 추진하였다. 판각 사업에는 무인정권의 문한을 담당하였던 이규보(李奎報)·이익배(李益培) 등이 참여하였다. 고려대장경의 판각 사업은 최씨무인 정권이 기득권을 유지하려는 국가적 사업이었던 셈이다.

최우는 대장경을 판각하기 위해 강화도에 대장도감을 설치하는 한편 1237년 남해분사대장도감(南海分司大藏都監)을 두어 실제 판각 업무를 주관하게 하였다. 그러나 실제 대장경 제작 작업은 초조대장경이 소실된 직후인 1233년부터 이미 추진되었고, 판각은 10년동안 진행되어 1246년에 완료되었으며, 1251년에는 보유(補遺) 판각도 완료되었다. 이 가운데 남해분사대장도감에서 진행된 대장경 판각은 정안의 도움에 의해서 추진되었다.

정안은 최우의 처남이었으나 최우가 전권을 휘두르며 남을 시기하고 해치는 것을 보고 1241년(고종 28)부터 1243년 사이에 남해에 은거하였다. 그는 평소 부처를 존숭하여 명산대찰을 돌아다녔으며, 사재를 희사하여 대장경의 반 정도를 이미 간행하였다. 정안이 남해에 도착했을 때 대장경의 판각 작업은 한창 진행 중이었고, 이 때 분사대장도감판이 처음 제작되었다. 분사대장도감판은 정안의 시주로 제작되었던 셈이다.

최우는 대장경 제작을 지휘하였다. 그는 진주목사에게 대장경 판각의 모든 지원을 담당하게 하였다. 정안과 수기는 각각 남해 일대의 토호세력과 승려들을 모아 판각 작업을 지원하였다. 남해는 진주목 관할의 섬으로 몽골의 침입을 피하며, 섬진강과 남강을 통해 지리산 일대에서 대장경 판각용 목재를 조달하는데도 편리한 곳이었다. 특히 진주 지역은 최우의 선대로부터 내려온 식읍지로 자금조달이 용이한 곳이었다.

최씨무인정권은 지리산 일대의 사찰과 깊은 관련을 맺고 있었다. 최우의 큰 아들인 만종은 산청의 단속사(斷俗寺)에 머물렀고, 이 외에 승주의 송광사, 강진의 백련사 등과도 관련되었으며, 고려대장경 판각 사업에도 큰 영향을 주었다. 이러한 사회적 배경 속에서 고려 후기 불교계의 새로운 움직임인 조계종이 성립될 수 있었다.

*** 자세히 들여다보기
박영수,〈고려대장경판의 연구〉《백성욱박사 송수기념 불교학논문집》, 1959
김갑주,〈고려대장도감연구〉《불문문》창간호, 영축불교문화연구원, 1990
박상국,〈대장도감의 판각성격과 선원사문제〉《가산이지관 화갑기념 한국불교문화사상사》상, 1992

문익점이 처음 목화를 재배한 단성의 시배지

목화시배지와 문익점

산청군 단성면 사월리에는 우리나라 최초로 목화를 재배하였던 시배지가 남아 있다. 목화의 재배는 1363년(공민왕 12) 문익점이 원나라에 사신으로 갔다가 붓대에 숨겨 들여온 목화씨를 이곳에 심으면서 비롯되었다. 마을 입구에는 비각과 함께 〈삼우당문선생면화시배지(三憂堂文先生棉花始培地)〉라고 쓰여진 사적비가 있다. '배양(培養)마을'이라고 불리는 마을 사람들은 문익점의 업적을 기리는 뜻에서 지금도 옛터에 밭을 일구어 목화를 재배하고 있다.

문익점(1329~1398)은 고려 말기에 활동하였던 문신이자 학자로 자는 일신, 호는 삼우당이며, 본관은 남평이다. 그는 1360년(공민왕 9) 문과에 급제하고 순유박사(諄諭博士)를 거쳐 1363년에 좌정언이 되었으며, 이 때 서장관으로 원나라에 갔다. 원에서 충선왕의 셋째 아들로 공민왕의 반원정책에 반기를 들고 있던 덕흥군

삼우당 면화시배 사적비

을 지지하였다는 혐의를 받아 귀국과 함께 파직되어 3년 동안 귀양살이를 하였다.

그 뒤 문익점은 귀국할 때 붓대 속에 넣어 가지고 온 목화씨를 장인 정천익(鄭天益)과 함께 단성에서 시험 재배하였다. 그는 목면을 보급한 공으로 1375년(우왕 1)과 1389년(창왕 1)에 각각 승진하여 간의대부가 되었다. 하지만 이성계 일파의 전제개혁을 반대하다가 조준(趙浚)의 탄핵을 받아 관직에서 물러났다. 그 뒤 1440년(세종 22)에 영의정과 부민후(富民侯)에 추증되었다. 현재 산청군 신안면 신안리에 묘소가 있다.

목화시배지의 목화재배 전경

목면 보급과 의복의 발달

전세계의 면(棉) 품종은 모두 6종류이다. 그 가운데 중국에 전래된 것은 원산지가 인도인 아주면(亞洲棉: 木棉)과 아프리카산 비주면(非洲棉: 草棉) 두 가지이다. 중국에 면화가 알려진 것은 한대(漢代)에서 육조(六朝)에 걸친 시기였다.

그러나 13세기말 경에 황도파(黃道婆)가 취자차(取子車 : 씨를 뽑아내는 기계)·소사차(繅絲車 : 실을 뽑아내는 기계) 등의 직기(織機)를 대중화하면서부터 목면이 널리 확산되었다. 곧 수작업에 의해 직포하기 어려운 목면을 씨를 분리하고 실을 방적할 수 있는 기계를 제작하였기 때문이다. 그러나 이색이 목면포를 보고 읊은 시를 볼 때, 목면씨는 문익점 이전에 이미 전래되었다. 따라서 문익점은 단순히 목화씨를 도입한 것이 아니라, 도입된

목화 한해살이 풀로 8~9월에 꽃이 핀 뒤 다래가 맺히고 껍질이 벌어지면서 하얗게 솜이 터져 나온다. 이 솜에서 실을 뽑아 옷감을 만들면 면이 된다.

목화씨를 재배하고 그것을 방적할 직기를 도입·보급하였던 것이다.

고려 후기에 직물수공업은 비단으로 만든 견직물, 모시로 만든 저직물, 삼베로 만든 마포직물 등으로 크게 발전하였다. 원나라가 세계 제국을 건설하면서 아시아와 유럽을 잇는 육상무역로가 형성되었다. 이에 고려의 대외무역도 크게 발전하였고, 유통경제 또한 활성화되었다. 직물수공업의 경우 견직물과 저직물의 생산과 유통은 원과 고려 지배세력의 호감을 받아 크게 증가하였다.

그러나 원나라가 쇠퇴하면서 원을 중심으로 이루어진 교역구조가 바뀌고 직물수공업도 침체되었다. 때문에 고려의 직물과 의복은 지배층 위주의 견직물·저직물 일변도에서 벗어나 새로운 의복으로써 목면에 대한 관심이 일어날 수 있었다. 특히 친원세력을 축출하려는 공민왕은 목면의 도입과 보급을 통해 농민들의 경제적 이익을 증대시키려고 하였다.

목면이 재배되기 이전에 우리나라의 의복은 대부분 삼베로 만들어진 옷이었다. 농민들은 추운 겨울철에 마포를 여러 겹 겹쳐 입으며 추위를 견뎠다. 마포의 생산은 대부분 여성들이 전담하였으나 생산 시간이 길고 생산 절차가 까다로운 고역이었다. 목면은 직물이 가진 보온성 때문에 농민들이 따뜻하게 겨울을 보낼 수 있게 하였다. 또한 연작이 가능한 작물이면서 생산 절차가

간소하여 생산 시간을 단축할 수 있었다. 이러한 목면은 시아·활·물레와 같은 직기를 사용하여 생산되었다. 목면의 재배는 직물 생산성을 향상시킬 수 있었기에 목면은 전국적으로 급속히 확산되었다.

　직물 생산성의 향상은 요역·군역·공물을 면포로 대납할 수 있는 계기를 제공하였다. 이에 따라 농민들은 농업경영에서 한층 자율성과 생산성을 확보하였고, 경제적 기반을 통해 정치적 성향을 갖게 되었다. 목면의 도입과 재배는 고려 말 신진사대부의 성장에 큰 영향을 미쳤다. 문익점이 지리산 일대에 목면을 재배한 것은 이 지역이 그의 처가였던 점도 있으나 기후가 온난하고, 이미 중국에서 들어온 차〔茶〕가 성공적으로 재배되었던 것과 무관하지 않다.

*** 자세히 들여다보기
　홍희유, ≪조선중세수공업사연구≫, 과학백과사전출판사, 1979 : 지양사, 1989
　최영호, 〈고려말 경상도지방의 목면 보급과 그 주도세력〉≪고고역사학지≫5·6, 1990
　위은숙, 〈고려후기 직물수공업의 구조변동과 그 성격〉≪한국문화연구≫6, 1993

조선시대 사림과 남명학파

도학의 선구, 정여창과 남계서원

정여창의 삶

 퇴계 이황과 함께 영남학파의 거두로 알려진 남명 조식은 지리산을 여행하던 중 정여창의 옛 거처를 발견하고 아래와 같은 감회를 남겼다.

> 도탄(陶灘)에서 한 마장쯤 떨어진 곳에 정여창 선생의 옛 거처가 있었다. 선생은 바로 천령 출신의 유종(儒宗)으로 학문이 깊고 독실하여 우리 도학에 실마리를 이어 주신 분이다.
> 《남명집》권2, 〈유두류록(遊頭流錄)〉

 남명은 조선조 도학의 선구로 정여창을 꼽았다. 정여창(1450~1504)은 김굉필과 함께 초기 사림세력의 영수인 김종직의 대표적인 문인이었다. 본관은 하동으로, 함양에서 출생하였으며, 호는 일두·수옹이다. 아버지 정육을은 함길도병마우후를 지냈고, 어머니는 목사 최효손의 딸이다.
 일찍이 아버지를 여의고 혼자서 독서에 힘쓰다가 김굉필과 함

함양 정여창 고택 사랑채
명당에 지어진 정여창 옛집의 사랑채 건물로 앞마당에 돌과 나무를 적절하게 배치하여 만든 인공산이 있다.

께 김종직에게 학문을 배웠으며, ≪논어≫에 밝았고 성리학의 근원을 탐구하였다. 1480년 성종이 행실이 바르고 경학에 밝은 사람을 구할 때, 그는 성균관의 추천에 의해 천거되었다. 1483년(성종 14) 사마시에 합격하여 진사가 되었고, 같은 해 8월에는 성균관에서 이학(理學)에 뛰어나다하여 또 다시 천거하였다.

1486년 모친상을 치른 후 지리산을 찾아가 진양의 악양동 부근 섬진나루에 집을 짓고 대〔竹〕와 매화를 심으며 평생을 마치고자 하였다. 1487년에는 사헌부 지평에 제수되었으나 사양하였고, 1490년 윤긍이 효행과 학식으로 추천하여 소격서참봉에 제수되었으나, 이 역시 자식된 자의 도리를 내세워 사양하였다. 그 해 별시문과에 병과로 급제하고, 예문관검열을 거쳐 시강원설서

조선시대 사림과 남명학파

솟을대문의 정려패 고택의 솟을대문에는 효자효부에게 하사하는 정려를 게시한 문패 4개가 걸려 있다.

가 되었다. 1495년(연산군 1) 안음현감으로 있으면서 백성들의 고통이 과다한 세금 징수에 있음을 알고 〈편의수십조(便宜數十條)〉를 지어 시행하니 1년 만에 백성들로부터 칭송을 들었다. 또한 고을의 총명한 자제를 뽑아 친히 교육하였고, 봄·가을로 양로례(養老禮)를 행하였다. 이때 노우명·노진 등을 문인으로 양성하였다.

1498년 무오사화 때 종성으로 유배되었고, 1504년 죽은 뒤 갑자사화 때 부관참시되었다. 1506년(중종 원년) 중종반정 후 도승지에 증직되었다가, 1517년에 우의정에 증직되었고, 1610년(광해군 2) 문묘에 종사되었다.

정여창은 평소 도가 없으면 먹을 것이 없고, 먹을 것이 없으면 백성이 없고, 백성이 없으면 나라가 서지 못한다고 하며 나라의 근본은 백성이라고 강조하였다. 이러한 주장은 왕도정치를 추구한 그의 정치론에서 제기된 것이었다. 왕도정치를 실현하는데는 임금의 마음을 바르게 함이 근본이고, 그 근본이 바르지 아니하면 선정과 교화가 나올 수 없다고 하여 세자 연산군에게 ≪대학≫을 열심히 강론하여 장차 군왕으로서 큰 뜻을 세우기를 바랐다. 정여창의 이러한 이상은 결국 당대에는 수용되지 않았으나, 이후 조광조를 비롯한 기묘사림들에게 이어지면서 정치 혁신의 바탕이 되었다.

정여창을 배향한 남계서원

정여창을 모신 서원으로 대표적인 것이 함양의 남계서원이다. 이 서원은 1543년(중종 38) 풍기에 세워진 백운동서원(뒤에 소수서원으로 사액)에 이어 두 번째로 세워졌다. 1552년(명종 7) 함양 사족 강익(姜翼)의 주도하에 박승임·노과·정복현 등이 정여창의 제향을 위한 공간 마련이 시급하다는 인식을 가지고 서원 건립을 논의하였다. 이후 함양의 사림은 물론이고, 지방관들의 적극적인 협조와 인근 지역 사림들의 재정 지원을 받아 서서히 진행되었다. 1561년(명종 16) 사우 건립이 완성되어 위판을 봉안하였고, 1564년 김우옹의 형인 당시 군수 김우홍의 도움으로 동재와 서재를 건립하면서 대체적인 골격을 완성하였다. 이듬해에 진사 강익의 주도로 함양 유생 30여 인이 사액을 요청해 다음해에 '남계'라 사액되었다.

남계서원은 정유재란(1597) 때 소실되었다가 1603년(선조 36)

남계서원 강당과 동·서재, 비각

나촌에 옮겨 지었고, 1612년(광해군 4) 옛 터인 지금의 위치에 다시 지었다. 남계서원은 설립 당시 남명 조식과 관련을 가지며 북인계 서원으로 기능하다가, 인조반정 이후 서인-노론계 서원으로 그 성향을 달리하였다. 숙종 때 강익과 정온을 더하여 모셨다. 서원 외에 따로 사당을 짓고 유호인과 정홍서를 모셨다가 1868년(고종 5)에 훼철되었다.

*** 자세히 들여다보기
  김호성, 〈일두 정여창의 정치사상〉≪유교사상연구≫13, 2000
  송준식, 〈남명학파의 서원건립 운동〉≪남명학연구≫15, 2003

실천을 중시한 조선의 큰 선비, 남명 조식

남명의 처사적 삶

　남명 조식은 1501년(연산군 7) 6월 26일 합천군 삼가면 토동에서 아버지 조언형(曺彦亨)과 어머니 인천이씨 사이에서 태어났다. 그가 태어나고 활동하던 16세기는 사림들이 정치세력화하면서 기존 정치세력인 훈구세력과 대립을 겪으며 연속적으로 사화가 발생하던 시기였다. 이러한 정치적 격동기에 조식은 파란만장한 삶을 살았다.

　5세 때까지 외가에서 자라던 조식은 문과에 급제하여 출사하는 아버지를 따라 서울로 이사해서 아버지에게 글을 배웠다. 아버지가 지방관으로 전전하는 와중에 유교 경전을 비롯해 천문·지리·의학·수학·궁마(弓馬) 등 지식과 재능을 익혔다. 특히 정신력과 담력을 기르기 위해 두 손에 물그릇을 받쳐 들고 밤을 새기도 하였다고 전한다. 18세 때 서울로 다시 돌아와서는 당시 청송계곡 일대에서 생활하던 성수침(成守琛)과 성운(成運)을 만났는데, 이들의 영향을 받아 높고 넓은 인생의 경지를 추구하기 시작했다. 이즈음 그는 유학 서적 이외에 노장(老莊)과 불서(佛書)를 섭렵하기도 하였다.

　그러나 19세가 되던 해인 1519년(중종 14)에 발생한 기묘사화는 그의 생활에 큰 변화를 가져왔다. 그의 숙부인 조언경이 조광조 일파로 몰려 죽임을 당했으며, 그의 아버지 또한 파직되었다. 이에 서울 생활을 접고, 고향인 삼가로 내려갔다. 그러나 생계를

덕산의 산천재 덕천강변에 있는 산천재는 남명 조식이 61세에 지어 학문을 연구하던 곳이다. 주변에는 남명묘소와 신도비가 있으며, 현재 보수중이다.

꾸려나가기가 여의치 않자 1531년, 31세 때 김해 탄동의 부호였던 처가로 가 산해정을 세우고 약 18년간 학문을 연마하면서 문인을 양성하였다.

김해에서 점차 명성을 날리면서, 그는 사림의 영수로 추앙되기 시작하였다. 이 즈음 조정에서는 그에게 관직을 제수하면서 출사를 종용하였다. 1538년(중종 33) 당시 조정에서 활동하며 사림들에게 명망이 높았던 이언적의 추천으로 헌릉참봉에 추천되었으나 나아가지 않았다. 48세 때 고향인 삼가로 옮겨 계부당과 뇌룡정을 지어 생활하면서 문인을 양성하였다. 61세 때는 지리산 자락 밑의 덕산으로 이사해서 산천재(山天齋)에 거처하며 여생을 마쳤다. 이 동안에도 조식은 출사하지 않고 처사(處士)로서 생활하였다. 1554년(명종 9)에는 벼슬길에 나아가라는 이황의 권유마저 물리쳤고, 이듬해 또 다시 벼슬을 내렸으나 거부하고 출사하지 않았다. 실로 처사적인 선비의 전형을 보여주는 예로써, 임종시에도 스스로 처사로 불러주기를 당부하였다.

실천을 강조한 사상가

조식의 처사적 생활은 당대 현실에 대한 비판적 인식으로 이어졌다. 한 예로 1555년(명종 10) 조정의 부름을 거부하며 올린 상소에서 "나라의 일이 이미 잘못되었고, 나라의 근본이 이미 없어졌으며, 하늘의 뜻도 떠나 버렸고, 민심도 이반되었습니다"라고 하며 정치 현실을 조목조목 비판하였다.

그의 이 같은 비판은 근본적으로 백성을 위한 정치를 생각하는 데서 비롯되었던 것이다. 그는 〈민암부(民巖賦)〉에서 "백성

《남명집》에 수록된 〈민암부〉
〈민암부〉는 백성의 중요성을 강조한 풍자문학 작품이다.

들은 임금을 떠받들기도 하지만 나라를 뒤집기도 하네"라며 위정자들이 백성을 무서워 할 줄 알아야 한다고 강조하였다. 서리(胥吏)의 작폐로 인해 망국에 이를 수도 있다는 이른바 '서리망국론' 또한 백성을 위한 정치가 올바른 정치라는 생각에서 나온 주장이었다.

이러한 그의 주장은 근본적으로 실천을 중시하는 학문 자세에 바탕한 것이었다. 곧 당대 대표적인 유학자인 이황은 '수기(修己)'의 전제로 인간의 본성을 철학적으로 해명할 필요성에 주목하고, 사단(四端: 仁·義·禮·智)과 칠정(七情)에 대해 깊이 연구하였다. 이에 비해 조식은 수기의 중요성을 인정한 것은 이황과 같지만, 수기의 방법으로써 '경(敬)'을 해석하고 바로 실천의 문제로써 '의(義)'를 중시하였다.

조식과 이황의 학문적 입장 차이는 현실에 대한 인식의 차이에 기인한 측면이 많다. 이황은 스스로 벼슬보다는 은둔을 원했다고 했지만 실제로 오랜 관직생활을 통하여 많은 문인들을 정계에 포진시켜 놓았던 만큼 현실 개혁보다는 안정적인 현실생활을 강조하는 경향이 컸다. 반면에 조식은 시종일관 비판자적인 위치에서 현실 모순을 인식하고 그것을 직설적으로 표현하는 실천성을 강조하였다.

조식은 임종시까지도 '경의(敬義)' 두 글자를 쓸 정도로 수기와 실천을 강조했다. 문인인 김우옹에게는 '경'의 표식으로 성성자(惺惺子 : 항상 깨어있다는 의미의 방울)를, 정인홍에게는 검을 준 사실은 그러한 남명의 의식을 잘 보여주는 것이라고 하겠다. 조식의 이런 점은 문인들에게 계승되어 임진왜란 때 많은 문인이 의병활동에 나서는 정신적 배경이 되었다.

남명묘와 묘비

다양한 사상과 학문을 수용한 남명

조식은 성리학자였다. 그러나 이황과 같이 학문 자체에 몰두하기보다는 선학들이 주장한 학문의 요점을 밝히고 이를 실천에 옮긴 인물이었다. 또한 실생활에 필요하다면 성리학 이외의 학문도 수용하였다.

조식의 학문에 대해서 이황은 "남명은 비록 이학(理學)으로 자부하고 있지만 그는 다만 하나의 기이한 선비로 그의 이론이나 식견은 항상 신기한 것을 숭상하였다"고 평가한 바 있다. 이황은 그가 도교의 노장사상을 수용하고 양명학자와 접촉하는 등의 행동을 이단이나 혹은 신기한 것이라고 표현하였던 것이다.

　조식은 평소 자신이 강조하던 '경(敬)'이 도가의 수련법에서 나왔다고 하였으며, 심지어 자신의 서실을 노자가 지칭한 이상 사회에서 유래한 용어인 '계부(鷄伏: 닭이 알을 품는다는 뜻)'와 ≪노자(老子)≫에서 "죽은 듯이 있다 용처럼 나타나고, 깊은 연못처럼 침묵하다 우레처럼 소리를 낸다[尸居而龍見 淵默而雷聲]"라는 구절에서 유래한 '뇌용사'라고 하여 노장사상과의 깊은 관련성을 드러냈다. 조식의 영향 때문인지는 모르겠으나, 그의 문인이며 동시에 외손녀 사위인 곽재우는 도가의 양생법에 관심을 갖기도 하였다.

　조식은 노장사상의 수용 이외에도 당대 양명학자인 경안령 이요(李瑤)와 서신 교환하는 것을 보면, 양명학과 접촉했을 가능성이 있다. 다만 양명학 관련 저술이 보이지 않고 있으며, 실천성도 성리학에 바탕한 것이어서 단정적으로 양명학자로 파악하기는 곤란한 측면도 있다. 또한 조식은 불교에 대해서도 개방적인 인식을 보여 서산대사 휴정·사명당 유정과도 교유하는 등 성리학 이외의 학문에 대해 자유로운 입장을 가졌다. 자칫 성리학 일변도에서 획일화될 수 있는 위험성을 탈피하려고 부단히 노력했던 것이다.

*** 자세히 들여다보기
　이수건, ≪영남학파의 형성과 전개≫, 일조각, 1995
　신병주, 〈남명 조식의 학풍과 남명문인의 활동〉≪남명학연구논총≫3, 1995
　허권수, ≪남명 조식≫, 지식산업사, 2001

남명 조식의 지리산 산행과 〈유두류록〉

열 두 차례의 지리산 산행

　조선 유학의 큰 선비 남명 조식은, '지리산 사람'이라는 뜻으로 아호를 방장산인(方丈山人)이라 지을 만큼, 지리산을 경외하였다. 합천 삼가에 살던 남명은 모두 열 두 차례나 지리산을 올랐다. 그는 덕산동(德山洞)으로 세 번, 청학동·신응동으로 세 번, 용유동(龍遊洞)으로 세 번, 백운동으로 한 번, 장항동(獐項洞)으로 한 번 등 지리산을 산행하였고, 열두번째 하동의 화개동에서 산행하였다. 그리고 열두번째 산행 때 산행기인 〈유두류록(遊頭流錄)〉을 남겼다.

　마지막 산행은 그가 60을 바라보던 58세 때인 1558년(명종 13)의 일이었다. 남명은 지리산 산행을 마치고 환갑이 되던 해에 지리산 자락 덕산으로 옮겨와 말년을 지냈다.

　남명의 열두번째 산행은 4월 11일부터 25일까지 보름동안 이루어졌다. 그는 동생 조환(曺桓)·유생 원우석(元右釋)과 함께 삼가현 토동 자신의 집에서 산행을 시작하였다. 남명의 산행에는 여러 사람들이 따랐다. 자형 이공량(李公亮)이 그의 아들 이준민(李俊民)과 함께 동참하였고, 진주목사 김홍(金泓)과 동생 김경(金涇)·아들 김사성(金思誠), 전 고령현감 이희안(李希顔)과 청주목사 이정(李楨)·이정의 동생 이백(李栢), 그리고 유생 백유량(白惟良) 등 명망있는 문인과 유생들이 남명의 산행을 좇았다. 남명 일행이 지리산을 찾았을 때는 섬진강 일대에 진달래·

지리산 반야봉 운해

철쭉이 만발하고 있었다.

　남명이 택한 열두번째 산행의 일정은 다음과 같았다.

　먼저 그는 진주 금산에 살던 자형 이공량의 집을 찾아 3일간 머물었다. 그리고 사천에 거주하는 이정의 집을 찾았으며, 이때 김홍·이정·이백 등이 산행에 동참하였다. 남명 일행은 사천에서 배를 타고 곤양을 거쳐 섬진강 하류를 따라 섬진나루·악양 삽암·도탄 등을 지나 쌍계사에 이르렀다. 섬진강을 거슬러 올라 갈 때 남명은 삽암에서 고려 말의 처사 한유한(韓惟漢)의 옛 집을 둘러 보았고, 도탄을 지날 때에는 우리나라 도학의 실마리를 열었던 정여창의 옛 집을 생각하는 등 지리산 자락에 남겨진 선현(先賢)의 자취를 찾기도 하였다. 남명의 지리산 산행은 자신의 내면을 수양하고, 또한 그것을 실천하기 위한 수련의 과정에서 이루어진 것이었다.

일행은 계속 내리는 비 때문에 행로를 더 나아가지 못하고 쌍계사에 머물렀다. 3일 간의 비가 그치자 남명은 쌍계사를 찾은 호남 유생 4명과 함께 보조국사 지눌이 머물렀던 청학동 불일암(佛日庵)으로 향하였다. 다음날에는 산길을 따라 지리산 능선 반대편에 자리한 신응사(神凝寺)을 찾았다. 그러나 일행은 연일 계속되는 비로 계곡물이 불어 한 걸음도 옮길 수 없었다. 남명이 신응사에 머물고 있을 때 호남의 선비 기대승도 마침 상봉에 올랐는데, 비 때문에 내려오지 못하고 있었다.

남명은 신응사에서 비가 멈추기를 기다렸다가 3일 뒤에 쌍계사를 거쳐 악양현으로 내려와 지리산 산행을 정리하였다. 산행을 시작한 지 열 사흗날이 되는 4월 24일에 남명은 귀향길에 올랐다. 하동·광양 일대가 한 눈에 보이는 삼가식현(三呵息峴)을 넘어 횡천을 거쳐 북천의 정수역에서 묵었다. 다음날 일행은 덕천강변 다회탄가의 칠송정을 살펴본 뒤 경호강을 건너 삼가로 돌아왔다. 이날 남명은 함께 유람하였던 지인과의 이별을 아쉬워하면서, 지리산 산행을 꿈꾸는 사람들을 위해 지리산 유람기 〈유두류록〉을 작성하였다.

〈유두류록〉과 남명

남명이 여러 차례 지리산을 찾은 것은 단지 지리산과 그 주변을 감싸고 있는 산수의 아름다움을 감상하기 위해서가 아니었

조식의 지리산 여정

다. 그는 지리산에 배어있는 한유한·정여창·조지서 등 선현의 흔적을 더듬으며 부족한 자신을 수양하고자 하였다. 이러한 모습은 〈유두류록〉 곳곳에 남아 있다.

    사람의 습관이란 잠깐 사이에 낮은 데로 치닫는다. 청학동에 올라가서는 마치 신선이 사는 산에 올라 신선이 된 듯하였지만, 오히려 부족하다고 여겼다. 신응동에 들어가서도 역시 마찬가지였다. 그래서 은하수에 걸터앉아 하늘로 돌아가거나 학을 부여잡고 공중으로 솟구쳐 다시는 인간 세상으로 내려오지 않으려고 하였다. 그러나 좁은 방에서 구부리고 자면서 그것을 자신의 분수로 달게 받아 들였다. 평소의 처지에 만족하더라도 수양하는 바가 높지 않으면 안되고 거처하는 곳이 작고 초라해서는 안된다. 또한 사람이 선하게 되는 것도 습관으로 말미암고 악하게 되는 것도 습관으로 인한 것이다. 위로 향하는 것, 아래로 치닫는 것은 모두 사람이 하는 것이니, 단지 한 번 발을 들어 어디로 향하는가에 달려 있다.

남명은 산행 동안 한유한·정여창·조지서 세 군자의 자취를 생각하였다. 그는 벼슬보다 도학의 수련과 효행의 실천에 앞선 세 군자의 행적을 더듬으며, "명산에 들어온 자 치고 그 누군들 마음을 씻지 않겠으며, 누군들 소인이라고 하길 달가워하겠는가? 그러나 군자는 군자가 되고 소인은 소인이 되고 마니, 한 번 햇빛을 쬐는 정도로는 아무런 도움이 되지 못한다"고 하면서, 항상 스스로 삼가할 것을 마음에 새겼다.

남명은 엄격하게 자신을 수양하면서도, 그 수양이 한낱 마음에만 머물러서는 안된다고 강조하였다. 남명에게 현실을 무시한 수양은 신선이 되기만을 꿈꾸는 허상에 불과할 뿐이었다.

남명은 자신의 내면을 수양하고 그것을 실천에 옮기려고 애썼다. 이러한 남명의 생각은 지리산의 웅혼한 기상에서 비롯하였다. 남명은 여러 차례 지리산을 올랐지만 언제나 부족한 자신을 꾸짖었다. 지리산 산행을 마치고 올라가는 사람이 세 번이나 숨을 내쉰다는 삼가식현에서 "두류산의 원기가 여기까지 백리나 뻗어 왔건만 여전히 높이 솟아 작아지거나 낮아지려고 하지 않는다"고 하면서 "산 중에서 두류산보다 큰 산은 없고 한눈에 들어울 정도로 두류산이 가까이 있지만, 여러 사람이 눈을 부릅뜨고 찾아보아도 그 모습을 볼 수 없구나. 그런데 하물며 두류산처럼 크게 어질지도 못하고 눈 앞에 닿은 듯 가깝지도 않으며, 여러 사람의 눈에 환히 드러날 정도로 밝지도 않은 사람은 어떠하겠는가"라고 자신을 호되게 질책하였다.

산천재 앞의 남명시비

지리산에 대한 남명의 감정은 신앙에 가까우리만치 경건하였다. 그가 〈유두류록〉을 남긴 것은, 지리산의 한 모퉁이를 빌어 자신의 일생을 마치려 한 깊은 뜻에 비롯되었다. 〈유두류록〉에서 "몸을 보전하는 백 가지 계책이 모두 어긋났으니 이젠 방장산과의 맹세조차 저버렸구나"라고 탄식하였지만, 지리산은 그의 삶에서 영원한 정신적 지주이자 표상이었다.

남명이 덕산 시냇가 정자 기둥에 쓴 싯구는 그러한 남명의 의식을 잘 보여주고 있다.

덕산 시냇가 정자 기둥에 씀	題德山溪亭柱
천 섬 들어가는 큰 종을 보소	請看千石鐘
크게 치지 않으면 소리 없다오.	非大叩無聲
어떻게 해야만 두류산처럼	爭似頭流山
하늘이 울어도 울지 않을까?	天鳴猶不鳴

*** 자세히 들여다보기
소재영 외, 《체험의 문학―국토기행》, 민족문화문고간행회, 1987
최석기 외 옮김, 《선인들의 지리산 유람록》, 돌베개, 2000

남명학파의 문인들

남명학파의 형성

　남명은 서울에서 잠시 생활하기도 하였으나, 곧 낙향하여 처가인 김해와 지리산 덕산에서 주로 학문활동을 하였다. 따라서 남명 학맥의 주요 무대는 진주를 중심으로 하는 경상우도가 되었다. 특히 남명은 자신의 명성을 듣고 찾아오는 인사들을 문인으로 받아들여 산해정과 산천재 등지에서 남명학파로 지칭되는 큰 세력을 형성하였다.

　남명학파의 지역적 범위는 주로 경상우도에 치우쳤다. 대체로 진주를 중심으로, 동쪽으로는 김해·밀양·청도, 북쪽으로는 창녕·현풍·성주, 서쪽으로는 산청·함양·하동 및 남쪽으로는 사천·고성 등지에 미쳤다. 퇴계학파가 주로 안동 일대에 치우친 것과 대비된다. 남명학파의 중심지인 경상우도는 고려 무신 집권기와 몽골침략기에 민란이 자주 일어났던 지역이다. 그래서인지 주민의 기질도 과격하고 현실 대응자세가 저돌적이며 직선적인 경향이 다분하다.

　남명학파의 중심지인 경상우도는 초기 사림세력의 중심지이기도 하다. 15세기 후반 영남사림파의 종장인 김종직이 밀양에서 출생하여 함양과 선산의 수령을 역임하면서 지방의 문교를 진흥시켰고, 그의 문하에는 우도 출신 사림들이 다수 모였다. 그의 3대 제자라고 할 수 있는 김굉필(현풍)·정여창(함양)·김일손(청도)를 비롯하여 유호인·표연말·신영희 등이 모두 우도

덕천서원 전경　덕천서원은 서원 앞 덕천강변에 있는 세심정과 함께 남명 조식의 대표적 유적이다. 1576년(선조 9)에 처음 세워진 건물은 최근에 다시 보수되었다.

출신이었다. 15세기 후반 경상우도의 이러한 정치적·사상적 동향은 16세기 후반 남명학파 형성의 역사적 배경이 되었으며, 남명이 삼가에서 김해를 거쳐 말년에 덕산에 정착하여 강학하면서 진주 일대는 남명학파의 중심지가 되었다.

　남명 사후 문인들을 중심으로 1576년(선조 9) 산천재 부근에 덕산(덕천)서원을 건립한 데 이어 그의 출생지인 삼가현의 회현(晦峴)에 회산서원을 세웠다. 1578년에는 부사 하진보가 향촌 인사들과 공모하여 김해 탄동에 신산서원을 세웠다. 기축옥사로 남명 문인들이 큰 타격을 받고 곧이어 남인이 집권해서 북인은 수세에 몰려 있었으므로 선조 말까지는 조식에 대한 추숭사업이 중지되었다. 광해군의 등극과 함께 대북(大北)세력이 집권하게 되자, 대북세력의 산림이었던 정인홍은 스승의 추숭작업에 적극적으로 나섰다. 1609년(광해군 1)에는 덕천서원과 용암서원·신산서원에 사액하였고, 1614년에는 조식에게 영의정을 추증하는 한편 문정(文貞)이라는 시호를 내렸다. 또한 서울의 삼각산 백운봉 아래에 조식을 봉사하는 서원을 건립하여 1618년 백원서원이란 사액을 내렸다.

광해군일기에 수록된 '회퇴변척소'

　남명 학통을 강화하려는 정인홍의 노력은 스승의 문묘 종사 추진을 통해서도 이루어졌다. 이 과정에서 정인홍은 1611년(광해군 3) 이른바 회퇴변척소(晦退辨斥疏)를 올려 회재 이언적과 퇴계 이황에 대해, "두 사람은 모두 유학하는 사람으로 소인이 득세하여 군자를 해칠 때 이들을 구하지 못한 수치스러운 행동을 하였다"는 등으로 그들을 비판하면서 남명과 퇴계의 차별성을 부각시켰다. 이어 그는 스승 조식을 문묘에 모시기 위해 관학 및 팔도 유생들에게 상소하게 하였으며, 1619년에는 경상우도 유생 수백명이 다시 상소하였으나 이는 끝내 실현되지 못하였다.

남명 문인의 의병활동

　조식은 평소 무예와 병법 뿐만 아니고 국방문제에도 많은 관심을 가지고 이를 강조하였다. 또한 그는 임진왜란이 일어나기

전부터 일본을 경계해야 할 대상으로 생각하면서, 장차 왜구의 화가 있을 것임을 예견하였다. 이러한 그의 인식은 문인들에게 전해져 전란을 대비하고 항전하는데 중요한 뿌리가 되었다. 남명 문인들의 의병활동은 스승의 실천정신을 이어받은 것이었다.

1592년 4월 13일 부산포에 상륙한 후 일본군은 약 20여 일 만에 서울을 점령하는 등 거칠 것 없이 북진하였다. 당시 조선에서는 일본군을 신병(神兵)으로 생각하고 그들의 조총을 귀신의 무기라고 하며 두려워하였다. 지방의 수령들과 변방 장수들은 일본군이 쳐들어왔다는 소문만 듣고서 고을과 성을 버리고 깊은 산속으로 도망하기에 급급하였다.

관군의 무력함을 대신한 것이 전국 각지에서 자발적으로 일어난 의병들이었다. 주로 전직 관료나 명망 있는 유생들을 중심으로 봉기한 의병들은 "신하로서 충에 죽고, 자식으로서 효에 죽어야 한다"는 대의명분 아래 신분의 귀천을 떠나 하나로 뭉쳐 일본군에 저항하였다. 일본군이 상주를 점령한 4월 하순에 유생 곽재우가 의령에서 일어난 것을 비롯하여, 전국 각지에서 일어난 의병은 학연과 지연을 중심으로 서로 호응하였다. 임진왜란의 의병 가운데 남명 문인들의 의병활동은 특히 주목된다.

남명 문인은 경상우도를 중심으로 의병 대열에 합류하였다. 당시 이 지역에는 의령의 곽재우, 고령의 김면(金沔), 합천의 정인홍, 청도의 박경신(朴慶新) 등을 비롯해 이로(李魯)·조종도(趙宗道)·하락(河洛)·전치원(全致遠)·이대기(李大期) 등 많은 의병장이 활동하였다.

남명 문인들은 자신의 기반이 되었던 경상우도를 중심으로 봉기하였지만, 전략적 요충지인 호남지방의 의병장들과도 연합하여 항전하였다. 연합작전에는 호남지방 사류들과 경상우도 사류들의 교분이 미리 형성되어 있었기 때문에 가능하였다. 의병장 박성무(朴成茂)의 경우 남명 조식에게 성리학을 전수받고, 호남 의병장 김천일의 문하에 출입하기도 하였다. 지리산 중심의 생활권이 남원 등지로 확대되고, 남해안을 따라가는 교통로가 확보되면서 이전부터 사상적·학문적 교류가 있었다.

남명 문인들의 의병활동은 경상우도의 지역 방어에 그치지 않고, 곡창지대인 호남지방을 보호하고 일본군의 보급로를 차단하여 임진왜란에서 승리할 수 있는 중요한 요인이 되었다. 당시 경상도초유사로 활약하였던 김성일(金誠一)은 경상우도가 무너지면 호남이 지탱하지 못하고 결국은 국가의 붕괴를 자초할 것이라고 하였다. 이는 경상우도와 호남의 상관성을 정확하게 지적한 것으로서, 임진왜란의 극복과정에서 남명 문인들의 활동이 주목되는 이유이다.

퇴계학맥으로 이탈

인조반정은 남명학파를 크게 위축시켰다. 물론 남명학파의 세력 위축이 비단 인조반정 때 비롯된 것은 아니었다. 이미 광해군 대를 전후하여 남명 문인들 가운데 일부가 퇴계문하로 이탈해갔다. 대표적으로는 오건(吳健)·김우옹(金宇顒)·정구(鄭逑) 등을 들 수 있는데, 이들의 특징은 온건한 기질과 정치관을 가지고 중앙 고위 관직까지 진출했다는 점이다.

성주 출신 김우옹은 부친 김의참이 일찍부터 남명과 교류하였을 뿐 아니라 자신도 15세 때에 남명의 제자인 오건이 성주교수로 부임해 오자 그로부터 학문을 배웠다. 또한 그의 부인은 남명의 외손녀로 회령부 만호 김행의 딸이었다. 이러한 관계 때문인지 50세 때 발생한 기축옥사 당시 정여립의 일파로 지목받아 회령에 귀양가기도 하였다. 다만 그는 남명의 영향을 받는 가운데서도 퇴계의 문하에서 수학하였으며, 생애 후반에는 오히려 퇴계의 문인들과 긴밀한 교유관계를 가졌다. 그는 선조 초반 동인과 서인이 나누어지는 상황에서 이들의 조정과 중재에 앞장 섰다. 이는 타협을 중시하는 그의 온건한 정치관에 바탕한 것으로, 반대세력에게 우유부단하다는 비판을 받기도 하였다.

정구는 퇴계와 남명의 가르침을 동시에 받았다. 그의 출신지가 성주라는 지역적 위치와 최영경이나 김우옹과의 관계를 고려한다면 남명계에 가깝지만 성리학의 이론적 측면을 중시한 학문관은 퇴계 계통에 가깝다. 그러한 이유에서 정구는 말년에 남명보다 퇴계에 기울어지는 위치에 서게 되었다. 선조가 남명과 퇴계를 평가하라고 질문하자, 그가 학자들이 접근하기에는 남명보다는 퇴계가 낫다고 한 답변은 그러한 사실을 말해주고 있다. 특히 정인홍이 1611년에 제출한 '회퇴변척소' 이후에는 사류들의 공론이 정인홍에게서 멀어짐을 알고, 문위·조임도 등을 규합하여, 정인홍이 주도한 대북세력의 반대세력임을 분명히 하기도 하였다. 정구의 저술인 《심경》 등에 보이는 성리설은 퇴계의 영향을 많이 받았지만 성리설 뿐만 아니라 제자백가·의약·풍수지리 등에 깊은 관심을 가지면서 남명이 추구하였던 박학의 전통을 계승하였다. 곧 정구는 퇴계와 남명의 학문을 절충하면서도 정치적 입장에 의해 퇴계 문하로 이탈해갔다고 할 수 있다.

남명 문인들은 기축옥사로 최영경이 억울하게 죽자 그의 신원

> 정구의 《한강선생문집》
> 정구는 퇴계와 남명의 학문을 절충하면서도 정치적 입장에서는 퇴계 문하로 이탈해간 인물이다.

운동을 펼쳤으며 임진왜란의 국난을 맞이해서는 의병을 일으켰다. 그러나 광해군 즉위 후 정인홍이 정치의 전면에 나서면서 전개한 회퇴변척을 계기로 많은 이탈자를 보게 되었다. 물론 일부 문인들의 경우 시세에 영합하여 이탈해 가고 또한 후손들에 의해 더 큰 영향력을 지닌 퇴계의 학통에 선조(先祖)를 올려 놓은 경우도 있었지만, 대개 광해군대를 전후한 시기에 이루어졌다.

남명을 계승한 강우지역의 학맥

인조반정 이전에 한강 정구가 사망하고, 인조반정으로 정인홍이 처형당하면서 낙동강 서쪽의 강우(江右)지역을 중심으로 한 남명학파는 크게 위축되었다. 물론 인조반정 직후 정인홍 문인들을 중심으로 일부 북인세력과 결탁하여 여러 차례 반란을 시도한 적이 있기는 하였다. 그러나 이 모든 것이 실패로 돌아가면서 정치적·학문적으로 남명학파는 쇠락의 길로 접어 들었다.

　인조반정과 함께 남명학파를 위축하게 만든 사건이 1728년(영조 4)에 발생한 무신란이었다. 영조 즉위 초 경종을 지지하며 남인과 일부 소론세력의 주도 하에 발생한 무신란 당시, 안음을 중심으로 일어난 정희량과 합천을 중심으로 정희량에 동조하여 일어난 조성좌(曺聖佐)는 정인홍의 문인 정온과 조응인의 후손들이었다. 이로 인해 난 진압 후 남명학파의 본산이던 강우지역은 반역향으로 지목되면서 더욱 위축되었다.

　당시 집권 노론세력들은 이 지역에 대하여 50여 년 동안 과거 응시를 제한하는 한편 사족들의 노론화를 추진하였다. 그 결과 17세기 초까지 진주 및 인근 지역에 거주하면서 덕천서원 운영을 주도하였던 하징(河澄)의 후손들과 권준(權濬)의 후손들이 노론화되었다. 아울러 17세기 초부터 퇴계학맥이 강우지역에 확산되기 시작하였으며 18세기 전반 이만부가 덕천서원의 원장이 되면서 퇴계학맥과 깊은 교분을 쌓아나갔다. 이후 퇴계학파의 중요 인물인 이현일과 김성탁 등이 광양에 유배된 것을 계기로 문인이 되거나 교류하면서 퇴계학맥에 근접하였다.

　그러나 이 와중에도 이 지역 학자들은 《남명집》의 중간(重刊)과 남명을 문묘에 종사하려는 남명 조식의 추숭 작업을 끊이지 않고 계속하였다. 또한 정조는 1796년(정조 20) 8월 13일 예조정랑을 덕천서원에 보내 남명에게 사제(賜祭)하면서 남명을 선양하였다. 이것은 당시 덕천서원의 원장이 정조의 측근세력이던 남인 번암 채제공이었다는 사실과도 무관하지 않다.

　19세기 이후 강우지역에는 기호남인의 영수 성재 허전과 영남 남인의 영수 정재 유치명 및 그의 문인 한주 이진상, 노론 계열의 노사 기정진 등의 학맥이 이어져 왔다. 이 가운데 이진상의 학맥은 면우 곽종석으로 이어졌으며, 곽종석의 대표적인 문인으로는 회봉 하겸진·심산 김창숙·심재 조긍섭·중재 김황 등이 있다. 곽종석과 함께 김창숙·김황은 파리장서의 주역들이었다.

한편 기정진의 문인으로는 삼가의 노백헌·정재규가 주목된다. 정재규는 이 지역 노론계 학맥을 대표하며 남인계의 대표적인 학자인 이진상이나 곽종석 등과 성리학뿐 아니라 남명의 학문에 대해서도 깊이 있게 토론하였다.

물론 정재규 이전에 강우지역에는 일찍부터 우암 송시열의 문인이 있었는데, 진주에 거처하던 하명이 이에 해당되는 인물이다. 하명이 송시열의 문인이 되었기에, 스승으로부터 남명의 신도비문을 받을 수 있었다. 남명의 신도비문은 용주 조경과 미수 허목이 지은 것을 포함해 모두 세 가지가 있다. 이 가운데 허목의 글이 세워졌는데, 1900년대에 허목의 글이 쓰여진 비석을 무너뜨리고 송시열의 글이 쓰여진 비석이 세워지게 되었다. 이 과정에서 큰 역할을 한 것이 정재규였다. 정재규는 조성가 등 많은 문인을 배출하였다. 노론계열의 홍직필·임헌회와 그를 이은 간재 전우 등이 문인으로 이름을 높였다. 이 지역 노론계 인사들은 호남의 간재 문하에 출입하기도 하였다.

*** 자세히 들여다보기

  허선도, 〈임진왜란의 극복과 영우의병〉《진주문화》5, 1982

  이수건, 《영남학파의 형성과 전개》, 일조각, 1995

  신병주, 〈남명 조식의 학풍과 남명문인의 활동〉《남명학연구논총》3, 1995

  이상필, 《남명학파의 형성과 전개》, 고려대 박사논문, 1998

남명 문인, 정온과 거창 초계정씨 종택

강동마을의 초계정씨

거창을 포함한 경남 서북 지역은 조선 사림세력의 핵심적 근거지였으며, 16세기 후반 '남명학파'의 형성 기반이 되었던 지역이다. 현재 거창의 강동마을에는 조선 중기에 활동하였던 초계 정씨 동계(桐溪) 정온(鄭蘊)의 고택이 있다.

초계정씨는 고려 말 새롭게 성장한 신진사대부의 후예로서 주로 거창의 용산과 안음·서마리 등지에서 생활하였다. 이들이 강동마을에 정착한 것은 16세기 초반 경으로 추정되며, 입향조는 정숙(鄭淑, 1501~1563)으로 정온의 조부이다.

정온은 1569년(선조 2) 안음현 택동리(지금의 거창군 위천면 강천리)에서 아버지 정유명과 어머니 진주강씨 사이에서 출생하였다. 그는 31세에 남명 조식의 제자인 정인홍의 문하에 들어가면서 북인의 당색을 갖게 되었다. 한때 학행으로 천거받아 관직이 제수되기도 하였으나 출사하지 않다가 1610년(광해군 2) 과거에 급제한 후 세자시강원 겸설서·부사직 등을 역임하였다.

부사직 재임 기간 동안 정온은 당시 정국을 주도하던 북인세력과 정치적 마찰이 있었다. 1613년(광해군 5) '칠서지옥(七庶之獄)'이 발생하여 치죄과정에서 국왕의 모후인 인목대비의 아버지 김제남을 영입하고 영창대군을 왕으로 추대하려 했다는 설이 유포되면서 정국 파란이 예고되었다. 이로 인해 김제남은 결국 사사되고, 영창대군도 서인(庶人)으로 강등되어 강화도에 유배

거창 정온 고택 사랑채 정온 고택은 중요민속자료 제205호로 안채·사랑채·동행랑채·고방채로 구성되었다. 'ㄱ'자형의 사랑채는 누마루 위에 두 겹의 눈썹지붕을 설치한 특이한 건물로 조선 후기 양반 주택 연구에 대표적 자료이다.

되었다가 죽임을 당했다.

이 때 정온은 상소를 올려 영창대군을 살해한 강화부사를 처형하고 대군의 위호를 회복하라고 주장하였다. 정온은 이보다 앞서 강화도에 유배되었던 임해군이 의문의 죽임을 당했을 때도 국왕의 가까운 친척에 대해 은혜를 베풀 것을 강조하는 등 평소 왕실의 보호에 앞장섰다. 인조대 인성군이 의문사하자 역시 같은 논리를 내세우며 인성군의 사면을 주장하기도 하였다. 정온은 영창대군과 관련된 상소로 광해군의 노여움을 받아 결국 제주 대정현에 유배되었다.

정온의 활동에서 또한 주목되는 것은 병자호란 당시 강력하게 척화론을 펼쳤던 점이다. 정묘호란 때 단군·기자 이래 수천년의 문화지역을 오랑캐로 만들 수 없다면서 척화론을 펼쳤던 그는 병자호란 당시 이조참판으로서 국왕을 수행하며 강력한 척화론을 주장하였다. 이때 정온은 "무릎을 꿇고 망하기보다는 차라리 정도를 지키며 사직을 위하여 죽는 것이 낫다"고 하여 주화론을 주장하는 최명길을 강하게 비판하였다. 또한 그는 국왕이 성을 지키고 있는 한 자신도 자결할 수 없다고 공언하다가 1637년(인조 15) 정월 27일 조정에서 항복하겠다는 글을 청나라 진영에 보내자 다음날 절명시를 남기고 할복하여 자결을 기도하였다. 자결은 실패로 돌아갔으나 정온은 자신이 국왕을 호종할 수 없음을 한탄하며 고향으로 돌아와 덕유산 자락의 모리에 은거하였다. 그는 백이·숙제처럼 죽을 때까지 미나리와 고사리를 먹고 살았으며, 이로 인해 그의 은거지는 '고사리 미(薇)자'를 넣어서 채미헌이라는 이름으로 전한다.

무신란과 정희량

강동마을 초계정씨 가문에서 정온이 가문의 위상을 한껏 드러내었다면, 정희량은 멸문지화를 초래한 인물이었다.

정희량은 무신년인 1728년(영조 4) 이인좌가 주도한 이른바 무신란의 주모자 가운데 한 명이었다. 무신란은 영조 초 경종을 지지하는 소론내 급진세력 일부와 남인들 일부가 주도한 정변이었다. 당시 중앙 고위 관직자가 정변에 가담하였다는 점에서 다른 정변과는 성격을 달리하였으며 반란세력들이 서울의 목전까지 진출하였던 난이다.

무신란을 주도한 인물은 이인좌·정희량·나숭대 등으로, 이들의 출신지와 혼맥을 보면 지리산이 가지고 있는 교류의 역사를 그대로 반영하고 있다. 나숭대의 경우 전라도 유명한 남인 집안인 나주나씨로, 나주나씨는 1598년(선조 31) 호남출신 인사들이 대부분 축출된 정여립 옥사 때 서인들의 공격을 받고도 꺾이지 않고 명성과 부를 유지하던 가문이었다. 이러한 나주나씨는 초계정씨 정희량 가문과 혼맥으로 연결되어 있었다. 정희량의 조부가 되는 제천공의 장인이 나위소였다. 나위소는 인조대 정온과 관직생활을 같이 하였다. 이 밖에도 나씨 할머니의 친정 재종증손자인 나상질은 정희량의 재종숙인 정중제의 사위였다.

나주나씨 가문은 초계정씨 이외에도 청주에 기반한 이인좌의 가문인 전주이씨 임영대군의 후손 가문과도 혼맥으로 연결되었다. 나위소의 형 나계소에게 증손자가 되는 나숭곤은 이인좌의 매부였다. 뿐만 아니라 이인좌의 막내동생인 이기아가 나만서의 동생인 나만규의 사위였다.

이인좌 집안과 정희량 집안 사이에도 혼맥이 이어졌다. 이인좌의 당숙인 이홍발이 정희량의 둘째 조카인 정의련의 장인이었다. 출신지를 초월한 혼맥의 구성은 무신란이라는 공동의 사건에 함께 대처하는 모습을 보이게 되었다. 무신란이 진압된 후 강동마을 정씨는 20여 년 동안 뿔뿔이 흩어져 숨어 살아야만 하였다. 아울러 정희량은 초계정씨 족보에서부터 문집에 이르기까지 모든 기록에서 철저하게 삭제되고 말았다.

*** 자세히 들여다보기
  오수창, 〈동계 정온의 정치활동과 그 이념〉《남명학연구》11, 2001
  조용헌, 《5백년 내력의 명문가 이야기》, 푸른역사, 2002

임진왜란의 전황과 승전

일본군의 호남침략을 저지한 진주성 전투

임진왜란 3대 대첩의 하나, 제1차 진주성 전투

　임진왜란 초기 일본은 주력부대가 부산을 거쳐 계속 북진할 때 일부 병력은 연안을 따라 전라도 지역으로 진입을 시도하였다. 그러나 일본 수군이 한산도해전에서 패배하면서 육로를 통한 호남진출을 꾀하였다. 일본군은 1592년(선조 25) 8월 초 진주성을 공격하기로 하고, 주력부대의 일부를 김해로 남하시키는 등 대규모 진격 준비를 하였다. 당시 진주목사 김시민 이하 군·민은 일본군의 움직임을 알아차리고 약 3천 8백여 명의 병력을 무장시켜 대비하였다. 성 외곽에는 의병장 곽재우가 급파한 심대승·최강·최경회 등 의병장의 지휘하에 의병들이 대기하였다.

　9월 26일 함안에 진출한 일본군은 병력을 두 부대로 나누어 10월 3일 선발대 1만 명이 진주 동쪽 마현에 도착하였다. 10월 6일 일본 주력군이 남강을 건너 진주성을 동·서·북 삼면으로 포위하였고, 8일 아침부터 공격을 시작하였다. 일본군의 공격을 받은 진주성 안에서는 목사 김시민의 진두지휘 아래 군·민이

진주성과 촉석루

혼연일체가 되어 일본군을 물리쳤다.

1차 공격에 실패한 일본군은 유인전술을 구사하면서 진주성을 공략하였으나 실패를 거듭하였다.

10일 새벽에는 다시 대규모 총공격을 감행하였고, 이 공격에서 진주성을 진두지휘하던 김시민이 적탄에 맞아 중상을 입었다. 이때 곤양군수 이광악이 그를 대신해 군사와 백성들을 격려하면서 전투를 이끌어 나갔으며 일본군은 또 다시 패배하고 퇴각하였다. 당시 전쟁터에는 사람과 말의 시체가 쌓여 언덕을 이룰 정도로 전투가 치열하였다.

이 전투에서 목사 김시민이 전사하였으나, 일본군은 사망자가 장수만 3백 명에 육박하였고 병사는 1만여 명이 사망하였다. 임진왜란 3대 대첩의 하나인 진주성 1차 전투는 호남지방으로 진출하려던 일본의 계획을 좌절시킨 매우 의미있는 전투였다.

촉석루 1241년(고종 28)에 건립된 촉석루는 진주의 상징이자 영남 제일의 누각이다. '장원루'·'남장대'로도 불리는 지금의 누각은 임진왜란에 불탄 건물을 1960년 진주시민의 성금으로 중건되었다.

일본군의 퇴각과 제2차 진주성 전투

1593년 조·명연합군의 반격을 받아 남쪽으로 퇴각하기 시작한 일본군은 같은 해 4월 경 상주·선산·안동·대구 등지에 분산하여 주둔하고 있었다. 경상도에 집결한 일본군은 이 무렵 경상우도의 요지이자, 전라도로 진입하는 육상의 관문인 진주성 공략을 다시 계획하였다. 앞서 제1차 진주성 전투에서 조선 군민의 저항으로 공략을 실패한 치욕을 설욕할 기회를 노리고 있었던 것이다.

당시 도요토미는 진주성 공격을 위한 두 가지 방책을 세웠다. 첫째 공격부대는 총 병력 9만 3천 명으로 하되, 제1대 가토, 제2

대 고니시 등으로 구분할 것, 둘째 수성을 위한 부대를 2만 3천명으로 하되, 부산에 모리〔毛利輝元〕, 김해에 모리〔毛利重政〕를 주둔하도록 하는 방법이었다. 도요토미의 공격 방략이 하달되고 공격태세가 갖추어진 일본군은 우선 조·명연합군에게 진주성을 넘겨줄 것을 요구하였으나

의기사 1740년(영조 16) 의기 논개를 제향하기 위해 세운 사당으로 지금의 건물은 1956년 시민의 성금으로 재건되었다. 의기사 앞에는 논개가 왜장을 안고 강물로 뛰어들어간 '의암'이 있다.

이 요구는 받아들여지지 않았다. 일본군의 공격계획이 알려지자 당시 진주목사 신예원, 판관 성수경 등이 진용을 정비하는 가운데 각처의 부사·현령 등이 군사들을 이끌고 합류하였다. 그 결과 진주성에는 3천 5백 명의 군사와 6만 명의 주민들이 입성하여 창의사 김천일 등의 지휘하에 전열을 가다듬었다.

같은 해 6월 16일 함안을 점령한 일본군은 파죽지세로 진격하여 곽재우가 거느리는 의병부대를 격파한 뒤 20일 진주성 근처의 마현에 진출하였으며, 다음날 본대와 합류하였다. 22일 오전부터 전투가 시작되어 일본군은 조총의 집중사격과 귀갑차(龜甲車)를 앞세워 여러 차례 공격을 시도하여 29일 성안으로 들어가는데 성공하였다. 진주성 안의 군민들은 촉석루 쪽으로 밀려 항전하였으나 진주성 전투를 총지휘하던 김천일이 아들과 함께 남강에 투신하여 최후를 마쳤으며, 나머지 군민들은 진주성 함락과 함께 전멸하였다.

의암 논개가 왜장을 끌어안고 남강에 뛰어든 바위로, 1629년 (인조 7) 정대륭이 서쪽면에 '의암'이라는 글자를 새겼다. 바위 옆 암벽에는 "한 줄기 긴 강은 띠를 두르고, 의열은 천년 세월을 흐르리라"는 글이 새겨져 있다. 의암 위 성벽쪽에는 1722년 (경종 2)에 세워진 의암사적비가 있다.

진주성 함락 후 관기 논개는 일본군의 주연이 열리던 곳에 참석하여 적장을 촉석루 절벽 아래의 의암으로 유혹한 뒤 강물에 투신하였다. 논개에 대한 기록은 광해군대 유몽인의 《어우야담》에 실리면서 기록으로 남기 시작하였다.

진주성을 초토화한 일본군은 다시 경상도 일대의 왜성으로 되돌아가 머물면서 자신들의 전력을 재정비하였다. 명군과의 강화회담이 소강상태인 것을 이용해 새로운 국면 전환을 모색한 것이었다.

*** 자세히 들여다보기

조원래, 〈김천일의 의병활동과 그 성격〉《사학연구》31, 1980

허선도, 〈임진왜란론〉《한국학》31, 영신아카데미 한국학연구소, 1984

국립진주박물관, 《새롭게 다시보는 임진왜란》, 1999

임진왜란 전문 박물관, 국립진주박물관

진주시 남성동에 위치한 국립진주박물관은 가야 문화를 소개하고 서부 경남의 고고학 연구·조사를 담당하는 국립기관으로 1984년 11월에 개관하였다.

이 박물관은 임진왜란 당시 최대 격전지인 진주성 안에 위치해 있는 입지 조건과 '임진왜란'에 대한 국민적 관심이 높아지면서, 1997년부터 국내외 임진왜란 관련 유물 약 6백여 점을 대여받았으며, 1998년에 56점을 수집하면서 임진왜란 전문역사박물관으로 면모를 갖추었다. 특히  임진왜란의 원인과 과정, 결과, 후대 평가에 이르기까지, 임진왜란의 시간 순서에 따라 다각적인 방향에서 관련 유물 2백여 점을 전시하고 있다.

현자총통 보물 제885호인 이 총통은 천자·지자 총통 다음으로 큰 중화기로, 거제군 고현만에서 발견되어 현재 국립진주박물관에 소장중이다. 이순신은 명량해전에서 현자총통을 활용해 적선 133척을 침몰시키는 전과를 거두었다.

임진왜란을 종식시킨 이순신의 노량해전

정유재란 발발과 조선 수군의 동향

임진왜란 발발 이후 조선 수군의 눈부신 활약으로 일본 수군은 치명적인 타격을 받았으며, 조선 수군은 가덕도 서쪽의 바다를 장악하였다. 일본 수군의 패배는 수군 지원을 기대한 일본 육군의 침공작전 전반에 차질을 초래하였으며, 이로 인해 전세가 역전되면서 강화를 모색하지 않을 수 없었다. 일본군은 잠정적인 휴전상태에서 계속된 강화회담이 결렬되자 정유년에 다시 침략을 감행하니, 1597년 정유재란이 그것이다. 이때 일본군은 남해안 제해권 확보의 필요성을 절감하고 조선 수군의 지휘체계를 와해시키려고 획책하였다.

임진·정유재란 해전도

먼저 일본군은 그들이 바다를 장악하는데 최대 장애인 삼도수군통제사 겸 전라좌수사인 이순신을 함정에 빠트리고자 온갖 계략을 동원하였다. 그리하여 일본 수군의 출전과 관련된 거짓정보를 흘렸지만 이를 알아차린 이순신은 출전하지 않았다. 그러나 조정에서는 출전하지 않았다는 것을 이유로, 1597년(선조 30) 2월 26일 한산도 본영에서 이순신을 체포하여 서울로 압송하고, 그 후임으로 원균을 임명하였다.

원균이 새로 수군통제사가 되자 예하 수군 장수들과 마찰이 일어나 지휘 계통에 균열이 생기고, 전력이 크게 약화되었다. 이러한 와중에 6백여 척의 일본군 선단이 부산에 입항하였다. 도원수 권율의 명령을 받고 출전한 조선 수군은 칠천량해전에서 일본군에게 대패하였다. 칠천량해전에서 조선 수군이 와해됨으로써 일본군은 남해안을 장악하였으며, 수륙병진 작전을 통해 전라도에 침입하였다.

원균이 지휘하던 조선 수군이 칠천량해전에서 패하자, 조선 정부는 크게 당황하여 도원수 권율의 휘하에서 백의종군하던 이순신을 같은 해 7월 22일 다시 기용하여 통제사로 복직시키고 수군을 재정비하도록 하였다. 복직한 이순신은 군사와 병선을 정비하였으나, 이미 수군이 와해된 상태에서 확보할 수 있는 전선은 12척에 불과하였다. 이즈음 일본군은 전라도 방면으로 진출하여 남원을 공략하고 북진을 계속하고 있었다.

명량해전과 노량해전

북진하던 일본군은 직산전투에서 패전하였지만 토도[藤堂高

虎〕 등이 이끄는 일본 수군은 하동에서 서진하여 해남반도의 남단 어란포에 진출하였고, 이어 남해와 서해의 분기점인 명량 수로를 통과하려고 하였다. 일본 수군의 동향을 보고받은 이순신은 9월 15일 벽파진의 진영을 명량 수로 서쪽의 전라우수영으로 이동시키고 간만시 조수가 역류하는 현상을 이용하여 명량 수로에서 일본 수군을 격파하기로 계획을 세웠다.

9월 16일 일본군 함선 130여 척이 명량 수로로 진입하였다는 보고를 접한 이순신은 12척의 전함을 이끌고 명량 수로 서쪽 출구를 봉쇄하였다. 밀물을 타고 수로의 동쪽 입구로 진입한 130여 척의 일본 함대가 수로를 통과하여 그 선두 부대가 명량 수로 서쪽 출구에 도착했을 때 밀물이 썰물로 바뀌어 조수가 역류하기 시작하였다. 이순신은 기회를 놓치지 않고 일본군 함대에 선제 공격을 가하며 타격전을 전개하였다.

조선 수군의 공격을 받은 일본 수군은 전투 대형도 갖추기 전에 혼란에 빠졌다. 때마침 역류하기 시작한 조수의 급류에 휩쓸려 그들 함선끼리 서로 부딪히게 되자 혼란은 가중되었다. 조선 수군은 이 틈을 타서 일본 수군의 선두 부대 31척을 격침시켰다. 이로써 일본 수군 본대는 명량 수로를 통과하지 못하고 뱃머리를 돌릴 수밖에 없었다. 명량해전의 승리로 조선 수군은 다시 전라도 해안을 회복할 수 있었다.

명량해전에서 패배한 이후 일본군은 육전에서도 계속 고전하였다. 여기에 이듬해 8월 도요토미〔豊臣秀吉〕가 병사하자, 일본군은 순천 등지로 집결하면서 철수작전을 서둘렀다. 일본군이 고전하는 와중에서 새롭게 투입된 명나라 군대와 조선은 최후의 섬멸작전을 계획하였다. 일본군의 철수 소식을 접한 이순신은

임진왜란의 마지막 격전지 관음포 전경 관음포 앞바다는 이순신이 순국한 바다라는 뜻에서 '이락파(李落波)'라고도 부른다.

명나라 수군도독 진린과 함께 1598년 9월 고금도 수군 진영을 떠나 노량 근해에 이르렀다. 명나라 육군장 유정과 수륙합동작전을 펴 순천 왜교성에 주둔하고 있는 일본군 고니시의 부대를 섬멸하기 위함이었다.

고니시는 수륙 양면으로 위협을 받게 되자 진린에게 뇌물을 바치고, 퇴로를 열어줄 것을 호소하였다. 평소 일본군에 대한 전의가 왕성하였던 진린도 고니시가 마지막으로 요청한 통신선 1척을 빠져 나가게 하고, 이순신에게 그 사실을 알렸다. 고니시는 통신선으로 사천 등지의 시마츠[島津義弘]와 연락해 남해·부산 등지에 있는 일본 수군의 구원을 받아 조·명 연합수군을 협공하면서 퇴각하려고 하였다. 고니시의 전략을 잘 알고 있는 이순

남해 충렬사 남해대교 옆에 있는 충렬사는 원래 충무공 이순신의 시신이 모셔졌던 곳으로, 1632년(인조 10) 이순신의 충의와 넋을 기리기 위해 건립되었다.

신은 일본군을 돌려 보낼 수 없다는 강경한 입장을 내세우며, 진린을 설득하여 함께 전열을 재정비해 일본군을 격멸하기로 뜻을 모았다.

11월 18일 밤 이순신의 예견대로 노량 수로와 왜교성 등지에는 5백여 척의 왜선이 집결해 협공할 위세를 보였다. 2백여 척의 조·명 연합수군을 거느린 이순신은 최후의 전의를 불태우며 전투태세에 들어갔다. 19일 새벽 싸움은 막바지에 이르고 이순신과 진린은 서로 위급함을 구하면서 전투를 독려하여 일본 수군 선박 2백여 척이 불에 타거나 부서지고 패잔선 50여 척이 겨우 달아났다. 이순신은 관음포(觀音浦)로 도주하는 마지막 일본군을 추격하던 중 적의 유탄을 맞고 쓰러지면서 "싸움이 급하니 내가 죽었다는 말을 하지 말라(戰方急 愼勿言 我死)"는 유언을 남기고 전사하였다. 조선 수군은 그의 유언에 따라 전투가 끝날 때까지 그 사실을 알리지 않고 전투를 계속하여 큰 승리를 거두었다.

*** 자세히 들여다보기

허선도, 〈임진왜란에 있어서의 이충무공의 승첩〉《한국학논총》3, 1981

국방부전사편찬위원회, 《임진왜란사》, 1987

국립진주박물관, 《새롭게 다시보는 임진왜란》, 1999

조선 후기 봉건체제의 붕괴와 농민항쟁

진주농민항쟁의 불씨를 피운 단성의 농민항쟁

19세기 초 단성은 지리산 기슭에 자리잡은 작은 읍이었다. 인구는 모두 8개 면에 걸쳐 3천호에 1만명 정도였으며, 토지는 밭 958결 논 1,574결밖에 되지 않는 잔읍(殘邑)이었다. 때문에 읍의 규모나 지역적 여건으로 볼 때 경제권도 거의 진주·산청에 종속되었다.

조선 후기 단성에서 가장 큰 폐단은 환곡이었다. 환곡(還穀)이라 함은 춘궁기에 어려운 농민에게 양식을 빌려주었다가 추수기에 받는 곡식으로, 원래는 백성을 돕기 위한 제도로 시행되었으나 관리들의 수탈로 폐해가 심했다.

단성 지역의 경우 환곡이 18세기 중엽까지 1만석을 넘지 않았으나 19세기 초에는 대략 3만 석에 달했다. 1852년에는 8만 7천여 석에 달하였으며, 이 가운데 관청에서 횡령하거나 사사로이 써버린 포흠(逋欠)을 제외하더라도 7만여 석에 달했다. 1855년에는 환곡이 10만 석까지 올랐다. 이처럼 환곡이 급속하게 늘어난 근본적 이유는 무엇보다 이서들의 조직적인 포흠때문이었다. 이들의 포흠은 오래전부터 발생했고, 이들이 포흠한 만큼 농민들의 부담이 가중될 수밖에 없었다. 때문에 관에 대한 농민들의 불만과 반발은 시간이 지날수록 증대되었다.

결국 관에 대한 민의 저항이 적극적으로 일어난 것은 수탈이 극에 달한 1861년 초였다. 이때 민의 저항은 중앙 관리 출신 김인섭(金麟燮, 1827~1903)을 중심으로 전개되었다. 그는 사간원 정언을 지냈으나 1858년(철종 9) 32세의 젊은 나이에 관직을 버리고 낙향한 인사였다. 김인섭은 본관이 상산(商山)으로, 그의 집안은 조선 초기 김후(金後)가 단성현 법물리(산청군 신등면 북부지역)에 정착하여 대대로 살다가, 부친인 김령 때 단계리로 옮겨 살았다. 이곳은 넓은 평야지대로서 그의 가문은 이곳에서 새로운 경제적 기반을 확보할 수 있었다.

그는 전직 중앙관리였지만 향촌에서의 생활이 평탄하지 않았다. 당시 권력에서 소외된 경상우도지역의 사족들은 대체로 향촌에서조차 위세를 떨치기 힘들었다. 이들은 수령에 의해 끊임없이 통제당했고, 심지어 이서들에게까지 멸시를 당할 정도로 그 위치가 불안하였다.

김인섭은 역시 중앙관리 출신인 유의정과 함께 유달리 읍폐가 심했던 단성의 심각한 현실을 직시하고 읍폐에 깊은 관심을 내보였다. 그런데 유의정이 1861년 5월 사망하자 김인섭의 역할이 더욱 커질 수밖에 없었다. 그의 부친 김령 역시 단성 사족사회에서 중심적 위치에 있었으므로, 이들은 향회를 통해 사족층의 논의를 모아 나갔다. 그리고 김인섭은 감사와 현감에게 읍폐의 교정을 건의하였다.

1861년 말에 이르러 경상감영에서는 이무미 3천 석에 대해 감결한다는 내용과 함께 폐해를 일으킨 장본인인 이서들에게 매년

단성향교 향교 안의 각 건물은 전학후묘의 전형적인 배치를 따랐지만, 유생의 생활공간인 동재와 서재가 강당인 명륜당 뒤쪽에 위치하여 특이하다.

4전 8푼씩 월급을 감한다는 결정이 내려왔다. 이무(移貿)란 이서들이 자기 고을의 환곡을 비싸게 팔고 대신 값이 싼 다른 고을의 곡식을 사서 채워 넣고 이익을 챙긴 것을 말한다. 그런데 이번에는 신임현감 임병묵이 이것을 다시 횡령하는 일이 발생하였다.

일이 이렇게 되자, 흥분한 사족과 농민은 관에 대한 투쟁을 전개하기에 이르렀다. 1862년 1월 4일 사족 대표들이 청심정에 모여 회의를 하였고, 1월 9일에는 읍민 5백여 명이 모여 탐학한 이서들을 성토하기 위해 감영에 소장을 올리기로 결정하는 한편 김령이 대표로 추대되어 사족 6, 7명과 함께 감영이 있는 대구로 갔다. 감영에서는 이무전을 단성민에게 다시 나누어주고 이서들의 포흠을 해결하기 위해 거두어들인 곡식도 돌려주라고 명령하였다. 그러나 현감은 이를 받아들이지 않았다.

급기야 1월 25일 읍내에서 향회가 열리면서, 본격적인 투쟁이

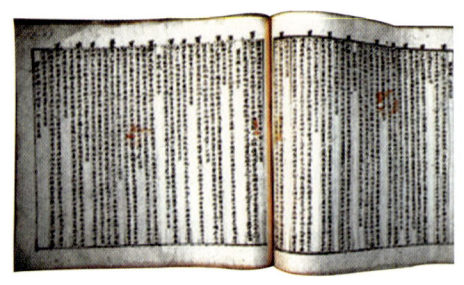

단성호적장적 1678년(숙종 4)~1789년(정조 13) 단성현 주민의 인구 구성과 생활상을 기록한 13책의 호적대장으로 조선시대 지방민의 모습을 확인할 수 있는 중요한 자료이다.

시작되었다. 사태가 심각한 것을 감지한 현감은 감영으로 도망치다가 읍민들에 의해 붙잡히고 말았다. 그러나 현감이 읍민에 의해 붙잡히는 등 민심이 동요되고 있음에도, 관청에서는 읍민의 요구를 무시한 채 힘으로 억누르고자 사족들을 공격하였다.

이에 분노한 읍민들은 이방과 창색리의 집을 불태우고 객사에서 밤새 곡을 하였다. 그런데 현감 임병묵이 읍민들에게 구타당하는 수모를 겪다가 틈을 타 대구 감영으로 탈출한 일이 일어났고, 이서배들이 흩어지자 사족들은 고을의 권력을 장악하였다. 이들은 매일 향회를 열고, 2월 29일 청심정에서 회의를 열어 좌수와 이방을 선출하는 등 행정 체계를 정비해 갔다. 이들은 중앙에 대해서는 직접 대궐 문앞에 나아가 엎드려 상소하기로 결의하고, 4월 중순 경 서울로 올라가 비변사에 호소하였다. 감영에도 계속 폐단 해결을 요구하였다. 그러나 폐단의 해결에 대한 뚜렷한 성과도 거두지 못한 채, 항쟁을 주도한 이들만 처벌되고 말았다.

그러나 단성의 농민항쟁은 곧 인근 진주에 알려지면서 1862년 진주농민항쟁을 촉발시키는 도화선이 되었다.

*** 자세히 들여다보기

이이화, 〈19세기 민란의 조직성과 연계성에 관한 한 연구〉《교남사학》 창간호, 1985

김준형, 《1862 진주농민항쟁》, 지식산업사, 2001

근대 농민운동의 시발, 1862년 진주농민항쟁

수취제도의 문란

1862년 진주에서 일어난 농민항쟁은 봉건사회 해체기의 사회적 모순을 상징적으로 보여주는 농민항쟁이었다. 또한 이 농민항쟁은 19세기 초반 전국 각처에서 다양하게 나타나던 소규모의 농민항쟁을 총괄하는 의미를 지니고 있었으며, 농민항쟁이 전국 규모로 확대되는 시발이 되었다.

1862년 농민항쟁의 주도세력은 토호 혹은 요호부민과 초군이었다. 지방에서 유력자층은 토호 및 향품이었다. 원래 이들은 중앙에서 관직을 지냈거나 혹은 그에 준하는 사족이거나, 부의 축적을 통하여 향촌사회에서 세력을 행사하는 층이었다. 또한 이들은 지방의 행정조직과 밀착된 관계를 바탕으로 지배력을 유지해 갔다.

그런데 19세기에 들면서 향촌사회는 지배세력이 변동하면서 크게 변질되어 갔다. 조선 후기에 이르러 사회경제적 변화와 함께 경제력을 바탕으로 새로운 세력으로 성장한 요호부민이 향권을 장악하려 했고, 한편으로는 수령과 이서들이 적극적으로 향촌사회를 통제하려는 경향을 보였다. 때문에 전통적으로 향촌사회를 지배하던 사족들의 위상이 크게 추락해 갔다. 따라서 일부 사족들은 수령과 이서들과 결탁하면서 토호의 위치를 유지하고자 하였다. 그런가 하면 일부의 토호들은 수령의 수탈대상이 되기도 하였다. 경제력을 바탕으로 신분상승을 도모하던 요호부민층도 여전히 수령과 이서들에 의해 빈번하게 수탈당하는 대상이었다. 향촌사회의 지배세력이 변동되는 상황에서도 초군을 비롯한 소빈농층은 변함없이 수령·이서들의 수탈대상으로 신음해야 했다.

삼정을 중심으로 운영되던 수취제도가 세도정치의 부패로 인하여 크게 혼란스러웠으며, 환곡은 관리들의 포흠이 만성화되면서 총액만 늘어나고 있었다. 또한 수령이나 이서들은 사적인 이익을 챙기면서 포흠을 발생시키고, 그 부족분을 향촌민들에게 전가하면서 일반의 부세부담이 크게 가중되는 결과를 초래하였다. 그러한 과정에서 면세 대상이었던 토호 혹은 요호부민마저 수취 대상이 되면서, 토호와 요호부민들의 반발을 사게 되었다.

환곡의 폐단과 진주

진주는 경상우도에서 가장 중심지였다. 진주를 중심으로 지리산 동쪽 일대에 거창·함양·안의·합천·단성·초계 등이 하나의 경제권을 형성하고 있었다. 토지는 약 1만 5천 결 정도이며 호구수는 18세기경 약 1만 3천 호, 19세기에는 약 1만 5천에 달했다.

진주는 읍의 규모가 컸기 때문에 환곡의 총액도 매우 많은 편이었다. 때문에 환곡 운영에서도 폐단이 많았다. 진주목의 환곡 폐단을 야기시킨 것은 이무와 이포(吏逋)였다. 아전이 공금을 집어 써 생긴 빚인 이포는 진주농민항쟁의 원인이 '이포징민(吏逋徵民)'이라 할 정도로 매우 큰 문제가 되었다.

당시 진주목의 관리들은 환곡의 포흠분을 민간의 토지에 전가

남강에서 바라본 진주성 촉석루

하여 징수했다. 1855년 목사 이곡재가 1년에 한차례 2냥을 거둔 이래 매년 이런 조치를 취했다. 그런데 1858년에는 1년에 두차례 징수하여 주민들의 불만이 높았으며, 1858년과 1859년에는 가혹한 수탈을 견디지 못하고 민간인 3,300여 호가 다른 곳으로 떠날 정도였다. 그 다음에도 목사 신억이 2냥 5전을 토지에서 거두려고 했으나, 읍민들의 여론이 들끓자 수납하지 못한 채 교체되고 말았다. 그 뒤를 이은 것이 홍병원이었다.

  1861년 11월 진주목사 홍병원이 관내의 창고를 조사해 보니, 1847년부터 발생한 3만여 석에 달하는 환곡 포흠을 거두어 들일 수 없는 형편이 되어 있었다. 환곡을 떼어먹은 경저리나 지방관들이 도망하거나 죽고, 또 환곡 장부가 분실된 것이 많았기 때문

조선 후기 봉건체제의 붕괴와 농민항쟁

이다. 이에 경상감사가 중앙의 비변사에 점차적 해결 방안을 건의했으나, 비변사는 감사를 처벌하고 포흠을 저지른 자에 대해 엄한 형벌로 다스리며, 포흠곡의 수납 책임을 진주에 강요하여 그 부담이 결국 진주민에게 넘겨졌다.

진주목사 홍병원은 환곡의 부족분을 채우기 위해 민간 토지에 부담하는 도결을 시도하였다. 그는 향회를 소집하여 사족을 중심으로 도결에 대해 논의하도록 하고, 각 면 부세 담당자인 훈장들을 차출하여 도결을 결정하였다. 이때 1결당 부담액수는 6냥 5전에 달하여 이전의 부담액수가 2냥 5전이었던 데 비하여 훨씬 많았다.

진주는 진주목 외에 경상우병영이 자리잡고 있었던 관계로 조세 수탈이 더욱 가중되었다. 경상우병영은 원래 창원에 있었으나, 임진왜란으로 우병영이 있던 창원의 합포영(合浦營)이 불타버리자 1603년(선조 36) 진주 촉석성(진주성)으로 옮겼고, 경상우도 30개 군을 관할하였다. 처음에는 병사가 진주를 관할하였으나, 1634년(인조 12)에 목사를 따로 두면서 진주의 수탈체제는 진주목과 경상우병영에 의해 이루어졌다.

병영의 재정은 조선 전기에는 관둔전과 공물에 의지하였으나, 조선 후기에 들어 병영의 재정구조가 변화되었다. 병영곡을 확보하여 이를 병영 소재지와 각읍에 분급하여 환곡의 원곡을 삼게 하고, 그 이자로서 수입원으로 삼았던 것이다. 병영곡은 병영과 목이 분리된 이후 가장 확실한 재정원이었다. 따라서 병영의 소재지이며 목의 소재지이기도 한 진주의 경우에는 그 양이 다른 고을보다 훨씬 많았다.

경상우병영의 환곡에 대한 폐단은 더욱 심했다. 1805년(순조

5) 병영 환곡에 대해 사족 출신 하진영·박천건 등이 비변사에 호소했다가 병영에 끌려가 죽을 지경에 이를만큼 곤욕을 치른 일이 있었다. 이후로 주민들 사이에는 '차라리 읍의 환곡 10석은 받을지언정 병영의 환곡 1석은 받지 않겠다'는 말이 나돌 정도로 병영 환곡은 공포의 대상이 되었다.

그런데 18세기 말 8만여 석에 달하던 병영곡은 관리, 이서의 횡령으로 1860년에 오면 환곡 총액이 3만 5천여 석으로 줄었고, 그나마 2만 석 이상이 허위 장부로 실제는 1만 5천 석도 못미치는 상황이었다. 이때 우병사로 부임한 백낙신은 병영곡을 확보하기 위해 1862년 1월 읍내 주민들을 불러 모아 회유·협박하면서 6만냥을 충당하도록 일방적으로 통고하였다.

진주농민항쟁의 발발

진주민들은 부당한 수취에 대해 감영과 읍에 호소해 보았으나 아무런 소용이 없었다. 초기에는 명문 사족이 중심이 되어 관아에 그 조치를 철회해 줄 것을 청원하는 정소(呈訴)운동을 시작하였고, 여러 차례에 걸쳐 청원해 보았으나 받아들여지지 않았다.

그러한 상황에서 진주의 사족들은 1862년 1월 내평촌 박수익의 집에서 첫모임을 가지며 거의를 계획하였다. 박수익은 사족으로서 1850년 진주의 환곡 부담이 많다고 직접 왕에게 상소를 올렸다가 오히려 고초를 치르기도 한 인사였다. 이들의 모임은 계속되었으며, 여기에는 사족 출신의 인사와 몰락 양반, 농민, 노비까지 함께 참여하였다. 이들은 처음에는 통문을 만들어 발송하는 것으로 문제를 해결할 계획이었으나, 통문 발송 이후 계획을 바꾸어 강력한 대응을 모색하였다. 때마침 들려온 단성의 농민항쟁 소식이 이들의 계획을 바꾸는데 결정적 영향을 미쳤던 것이다.

중심인물 유계춘은 농민 대중이 참여할 수 있는 집회를 계획하였으며, 2월 6일 진주 서면 수곡리 덕천강변의 수곡장터에서 첫 대집회를 가졌다. 수곡장터 근처의 수곡창은 진주뿐아니라 하동·산청 일대의 세곡을 옮겨와 보관하는 창고였다. 따라서 이곳은 세곡뿐만 아니라 다른 물산의 유통도 풍부한 곳이었다. 수곡대집회에서는 일반 대중과 함께 진주의 현실을 인식하고 투쟁의 방향과 방법을 합의해 낼 수 있었다.

수청가(水淸街) 회의를 통하여 농민항쟁의 분위기는 무르익어 갔다. 덕천강이 덕산에서 동쪽으로 5km 정도 흐르다가 남쪽 수곡면 방면으로 돌아 흐르는 지점에 위치한 수청가는 현재 산청군 단성면 자양리 부근이지만 당시에는 진주목 금만리에 소속되어 있었다. 이곳은 북쪽에 있는 백운동계곡에서 흘러내린 물이 덕천강과 합류하는 지점으로 너른 농토가 형성되어 있었다. 이 지역은 진주쪽에서 덕산이나 백운동으로 왕래하는 사람들이 지나는 길목이었다.

드디어 2월 14일 회문을 돌려 초군들이 집결하면서 항쟁의 막이 올랐다. 1차 목표는 예정대로 수청가 인근의 덕산장시였다. 공격 대상은 주로 지방권력과 결탁한 대상인과 도결에 참여했던 훈장 이윤서의 집에 대한 파괴였다.

농민들은 덕천강변을 따라 부호가를 공격하는 한편 농민들을 규합하면서 진주읍으로 진격하였다. 농민군은 내평촌과 평거역을 거쳐 진주 관아 앞에서 요구조건을 제시하며 시위하였다. 진

촉석성으로도 불리는 진주성 전경

　주목사로부터 도결 철폐를 보장하는 문서를 건네받은 농민군은 병영을 향하여 전진해 갔다. 이에 당황한 병사 백낙신은 포흠을 많이 저지른 서리 김희순을 곤장으로 때려 죽이고, 농민군에게 통환 철폐를 약속하는 완문도 작성해 주었으나, 농민군은 백낙신의 이러한 태도에 더욱 분개하였다. 백낙신은 1859년 전라좌수사로 있을 때도 환곡의 포흠분을 농민에게 전가하여 횡령했다가 처벌받은 일이 있었다. 그는 진주에 우병사로 부임해서도 그와 같은 만행을 다시 저지른 것이다.

　농민군은 병사 백낙신을 감금한 채 포흠의 주동자들을 처단했으며, 목사를 진주성으로 불러와 자신들의 요구사항을 강하게 주장하였다. 이렇게 진주읍을 석권한 농민군은 외곽 촌락지역으로 세력을 확대시켜 나갔으며, 각처에서 악명높은 양반 토호들을 공격하였다.

　그리고 농민군은 본격적으로 항쟁을 시작한 지 10여 일 만인 2월 23일경 옥천사에서 자진 해산하였다. 해산 경위는 밝혀져 있지 않지만, '고을의 일이 개혁되었으며, 조세납부의 시기가 박두하여 이를 급히 납부하는 것이 백성의 도리'라고 하면서 해산하였다는 소문만 전하고 있다.

진주농민항쟁은 10여 일 만에 막을 내렸지만, 그 여파는 인근 지역으로 확산되면서 농민항쟁의 새로운 전기를 마련하였다. 3월에 들어서면서 진주 북쪽의 함양·거창에서 항쟁이 일어났고, 그 파장이 소백산맥을 넘어 전라도 장수·무주 등의 고을로 뻗어 나갔던 것이다.

진주농민항쟁은 근대변혁기의 농민항쟁사에서 이정표를 제시한 농민운동이었다. 유계춘을 비롯한 항쟁지도부의 조직력과 추진력이 뛰어났으며, 초군을 바탕으로 한 농민대중의 동원력에서도 큰 힘을 발휘하였다. 이들은 농민들을 각리별로 조직적으로 동원하였으며, 활동도 면리 단위로 체계적으로 이끌어 나갔다. 이러한 진주농민항쟁은 봉건적 사회체제의 해체기에 그 해체를 촉진시키는 농민운동의 시작을 알리는 역사적 사건이었다.

*** 자세히 들여다보기
　망원한국사연구실, ≪1862년 농민항쟁≫, 동녘, 1988
　이영호, 〈1862년 진주농민항쟁의 연구〉≪한국사론≫ 19, 서울대, 1988
　송찬섭, 〈1862년 진주농민항쟁의 조직과 활동〉≪한국사론≫21, 1989
　김준형, ≪1862 진주농민항쟁≫, 지식산업사, 2001
　송찬섭, ≪조선후기 환곡제개혁연구≫, 서울대출판부, 2002

이필제가 주도한 1870년 지리산 덕산의 농민항쟁

1870년에는 지리산과 진주를 중심으로 활동한 세력들이 덕산에 모여 농민봉기의 계획을 세워 나갔다. 주도자들은 이에 앞서 실패한 광양농민항쟁과 통영민요의 경험을 분석하면서 봉기를 추진해 갔다. 이들은 앞서의 두 곳에서 일어난 농민 봉기가 지도자없이 일어났던 점을 가장 큰 실패의 요인으로 파악하였으며, 광양에서는 만약 이웃의 서너 고을을 수중에 넣었더라면 그렇게 쉽게 무너지지 않았을 것으로 분석하였다.

나름대로 농민봉기의 실패를 거울삼아 봉기 계획을 세운 이들은 먼저 진주병영을 쳐서 무기를 빼앗고 차례로 이웃 고을을 점령하여 힘을 모은 뒤 서울로 진군한다는 전략을 세웠다. 또한 이들은 북벌(청나라를 침)을 단행하여 중원으로 들어간다고 선동하면서 진주 등의 고을을 친 뒤 남해에 있는 금병도(무인도)로 들어가 힘을 기른다는 계획을 세우기도 하였다.

이 사건을 실질적으로 주동한 인물은 주성칠(朱成七, 이필제의 가명)이었다. 1860년대 말과 1870년대 초 전국 각처에서 농민봉기를 계획하고 주도했던 이필제가 주성칠이란 가명으로 지리산 일대에 잠입하여 동조세력을 끌어모은 뒤 농민봉기를 추진해 갔던 것이다.

지리산 동남쪽 기슭의 깊숙한 부분에 자리잡고 있으며 진주관아에서 서북쪽으로 70리 가량 떨어진 덕산은 덕천강이 흘러가는 곳 외에는 산으로 둘러싸여 있고 비옥한 토지들이 넓게 형성되어 있어 숨어사는 인물들이 머물 수 있는 좋은 입지를 지니고 있었다. 따라서 조선 중기 남명 조식이 정착한 이후 많은 사족들이 자리잡기도 했지만, 민간인들도 많이 밀집되어 있었다. 조선 후기에 이르면 4, 9일 장인 덕산장이 열리면서 물산의 교류가 활발한 곳이기도 하였다. 이런 곳이기 때문에 사람들을 동원하기 쉬웠고, 또 모의를 하다가 여의치 않으면 지리산 깊은 계곡으로 숨어들어갈 수 있는 지리적 이점을 지니고 있었다.

이필제는 덕산에 잠입한 뒤 정만식에게 접근하여, '칠정거육위귀(七鄭居六爲貴)'라는 말로 정감록적 참설을 빌어 정만식을 수괴로 추대하였다. 또 성하첨의 몸에 별점이 있는 것을 두고 귀하게 될 징표라고 하였다. 이어 관서지방에서 이곳으로 흘러온 양영열과 접촉하여 그의 전폭적 협조를 얻었다.

이들은 토지를 팔아 자금을 마련하고 돈을 빌려주기도 하고 인삼을 팔거나 염전을 일구기도 하여 무기 등을 마련하였다. 이필제는 "영남의 인물은 진주가 반이요 지리산에는 차력사(借力士)가 많으니 큰 일을 할 것이다"라는 말을 퍼뜨리며 동지들을 규합해 나갔다. 그는 고령 율목정 박만원의 집에서 약회(約會)를 열어 사람들을 모았고, 덕산 정홍철의 집에서는 사람들을 모아놓고 손수 격문을 지어 돌리기도 하였다.

또한 이필제는 자금을 마련하기 위해 어사(御史)를 가장하여 남해에 출도한다는 계획을 세우기도 하였다. 이것이 세칭 '남해작변'인데 그는 김재문 등 17명을 데리고 남해로 향했으나, 이필제가 가짜 어사라는 사실이 드러나게 되자 일행 중 9명이 되돌아 갔다. 그래도 이필제는 나머지를 이끌고 하동에서 남해 죽도(竹島)로 가는 배를 탔는데, 그 배에 군교(軍校)가 타자 일이 탄로날까 두려워 후일을 기약한 채 덕산으로 되돌아오고 말았다. 이

덕천강변의 세심정 덕천서원 앞에 있는 정자로 근래에 칸 중앙의 기둥을 빼고 난간을 둘렀다. 이 정자는 남명 조식이 살아있을 때 있었다고 한다.

로써 남해작변은 실패로 끝났다.

덕산으로 돌아온 이필제는 홍종선·조용조 등 이 지방의 유력한 유생들을 설득하는 한편 진주병영의 영리(營吏) 김낙운을 소개받아 그를 협력자로 포섭하기 위해 촉석루에서 접촉하는 등 적극적으로 농민봉기를 주도해 갔다. 그런데 이때 진주병영을 먼저 칠 것인가 아니면 통영관아를 먼저 습격할 것인가를 놓고 논란을 벌이다가, 영리 김낙운, 유생 홍종선 등의 고변으로 사전 발각되고 말았다.

주도 인물 이필제는 충청도 홍주 출신인 반족으로 무과 향시에 합격한 경력도 있다. 이필제는 공주에 잠시 머물다가 진천으로 온 뒤 1869년 봄에 충청도 일대를 중심으로 봉기를 계획하기

남명묘소에서 바라본 덕천강

도 하였다. 그러나 사전 발각되면서, 지리산 덕산으로 들어와 다시 농민봉기를 계획했으나 실패하고 말았던 것이다. 이필제는 다시 무대를 지리산에서 소백산맥으로 옮겨 1871년 3월 영해에서 농민봉기를 주도했으며, 동년 8월 새로운 봉기계획을 꾸미다가 끝내 잡히고 말았다.

*** 자세히 들여다보기
  이이화, 〈19세기 민란의 조직성과 연계성에 관한 한 연구〉《교남사학》창간호, 1985
  김준형, 《1862 진주농민항쟁》, 지식산업사, 2001

근대 민족운동의 발화와 다양한 갈래

호남과 연대한 하동 · 진주일대의 동학농민전쟁

영 · 호남 농민군의 조직적 연계

경상도 남부지역의 동학교세는 일찍부터 성장하여 1893년 밀양에서 수 만명의 동학교도들이 도회(都會)를 개최한 바 있었다. 호서 · 호남을 비롯한 전국적 동학교단 조직과 긴밀하게 교류하던 이들은 이 지역의 동학교세를 바탕으로 별도의 조직적 집회를 가진 것이었다.

그리고 1894년에 들어서는 각처에서 농민들의 항쟁이 일어나기 시작했다. 동년 정월 함안과 사천에서는 농민들이 관리의 탐학과 수탈에 격분하여 봉기하였다. 이들은 각종 부세문제를 둘러싼 이서들의 농간에 격분하여 창의교혁기(倡義矯革旗)를 내걸며, 죽창을 들고 천여 명 내지 수천명씩 궐기하여 이서와 향민의 집을 불태우고 폐정개혁을 요구하였다.

진주에서는 1894년 4월 동학 농민이 중심이 되어 산발적으로 봉기하면서 농민봉기의 기운이 점차 고조되어 갔다. 진주 영장 박희방이 이끄는 관군에 의해 한달여 만에 진압되었지만, 농민군 지도자 백도홍은 진주 북서쪽 덕산에서 활동하였다. 7, 8월 경에 들어서는 남접 농민군의 계통적 지시에 따라, 읍폐의 교정 작업이 새롭게 결집한 농민군 세력을 바탕으로 추진되었다. 하동의 농민군 최학봉은 남원 전봉준 접소의 공문을 가지고 6월 말경 경상도 남서부 각 지역을 순회하였으며, 8월 초에는 고성에 도착하여 부사 오홍묵에게 "수령의 정치와 민간토호를 염찰하는 일과 8월 15일 영남 각 접이 의령 백곡촌에 도회하여 살핀 바의 폐단을 경장한다"는 내용의 공문을 전달하기도 하였다. 이처럼 전라지역 농민군이 직접 영남 남부지역의 폐정개혁에 참가하기도 하고 또는 이들 지역의 동학 접조직이 호남지역 남접의 폐정개혁 지침을 가지고 읍폐를 시정해 나가기도 하였다.

영남 남서부지역 농민군과 호남지역 농민군의 조직적 연계는 2차 농민전쟁의 전개과정에서 더욱 뚜렷이 나타났다. 영남과 호남의 경계에 위치한 하동은 섬진강 하구를 통하여 강과 바다의 이점을 모두 갖추고 있어 일찍부터 영·호남 사람들의 교류가 활발하였으며, 상업도 크게 발달하였다.

1894년 7월경 광양지역의 농민군은 섬진강 건너 하동지역의 상인들을 농민군으로 포섭하여 하동부에 동학의 도소(都所)를 설치한 뒤 폐정개혁을 추진해 갔다. 그러나 이 시기 새로 부임해온 부사 이채연은 지리산 아래 화개 마을의 민포를 이용하여 농민군을 강건너 광양으로 몰아냈고, 농민군에 추종했던 상인들의 집과 가족들을 불태우거나 몰살시키면서 농민운동을 탄압하였다.

이 무렵 순천에는 동학농민군의 지도자 김인배가 영·호대도호소를 설치하고 호남 남부 지역의 폐정개혁을 주도하고 있었다. 김인배는 전북 금구 출신이었으나, 동년 6월 이후 농민군 수

하동읍을 감싼 섬진강 전경
왼쪽의 다리가 하동과 광양을 잇는 하동대교이고, 그 오른쪽숲이 송림이다. 섬진나루는 왼쪽 산 아래에 있다.

만명을 이끌고 순천에 자리잡은 뒤 순천의 유하덕을 수접주로 삼아 군사력을 정비하여 영남지역으로의 진출을 꾀하였다.

하동과 광양의 농민전쟁

이채연의 농민군 탄압에 맞서 김인배는 하동 공격을 단행하였다. 9월 1일 김인배는 유하덕과 함께 농민군 만여 명을 이끌고 섬진강가에 이르러 부대를 둘로 나누어 강을 건너 한 부대는 하동부 북쪽에, 다른 한 부대는 남쪽에 진을 쳤다. 이때 하동의 관군은 부사 이채연이 모집한 향병과 김진옥이 이끄는 화개 민포로 구성되었으며, 하동부 뒤쪽 안봉(鞍峯)에 진을 치고 농민군의 공격에 대응하였다. 그러나 관군은 김인배가 이끄는 농민군에게 보기좋게 참패를 당하고 부사 이채연은 감영이 있는 대구로 도피하였다. 하동을 점령한 농민군은 유하덕이 이끄는 부대를 주둔케 하고 앞서보듯이 일부는 김인배의 인솔아래 진주로 입성하였다.

근대 민족운동의 발화와 다양한 갈래

하동과 광양을 잇는 섬진나루 전경

김인배의 입성과 함께 진주 농민군의 기세는 가히 하늘을 찌를 듯했다. 농민군은 9월 8일 평거(平居) 광탄진(廣灘津)에 모여 폐정개혁을 촉구하였으며, 진주읍 73개 면의 주민들이 1백 명씩 죽창을 들고 읍내 시장가에 모여 도회를 열었다. 김인배의 주도로 이뤄진 이 대회는 3일간 지속되었으며, 이때 진주 읍내에 충경대도소(忠慶大都所)를 설치하였다.

이처럼 진주가 농민군에 장악된 후 충경대도소를 중심으로 한 농민군은 진주지역 폐정개혁뿐아니라 항일의 기치아래 경상우도 차원의 농민군대회를 조직하였다. 호남과 달리 영남 각 처에는 일본군 병참부가 설치되어 크고 작은 마찰이 일어나고 있었다. 밀양지역에서는 1천 5~6백 명의 농민군이 봉기하여 밀양부를 공격했으나 일본군 병참부의 수비병에 격퇴된 일이 있었다.

　진주를 중심으로 농민군의 활동이 활발해지자, 부산에 주둔하던 일본군은 농민군을 탄압하기 위해 부산에서 진주로 출발하였고, 대구 감영에서는 대구판관 지석영을 토포사로 임명하고, 안의현감 조원식을 조방장(助防將)으로 임명하여 진주로 파견했다. 그러나 일본군과 관군이 진주에 도착했을 때 농민군은 각기 지역으로 해산한 뒤였다.

　하동에 머무르던 농민군 7백여 명은 진주로부터 진격한 일본군과 9월 29일 광평동(廣坪洞)에서 전투를 벌였으나 섬진강 건너편 광양으로 후퇴하였고, 일본군은 다음날 섬거역 부근에서 퇴각 중인 농민군을 추격하였다.

　농민군과 일본군의 대전투는 보름뒤인 10월 14일 고성산 부근에서 시작되었다. 고성산 주위의 벌판에 포진한 4~5천 명의 농민군이 일본군을 선제 공격했으나 일본군의 위세에 눌려 지리산 서북 방향의 덕산쪽으로 후퇴하였다. 이어 10월 19일에는 김인배가 이끄는 농민군이 순천을 떠나 광양 섬거역에 진을 치면서 다시 일본군을 공격해 갔다. 이번에도 지난 9월 때처럼 한 갈래는 망덕 앞바다로 향하게 하고, 다른 한 갈래는 섬진(蟾津)을 향해 나가게 하여 아래 위에서 공략하는 전술을 취했다. 이때 진주에 머물던 지석영의 관군도 일본군과 함께 하동지역으로 이동하면서 농민군의 공격에 대응하였다. 이때 일본군과 관군은 섬진강 상류로 건너가 농민군의 후방을 포위하여 매복케 했고, 지석영의 관군은 망덕 바다를 밖으로 건너 농민군의 귀로를 차단하였다. 그리고 두치진(豆治津)을 곧바로 기습하였다. 결국 일본군과 관군의 공격을 감당하지 못한 농민군은 순천으로 퇴각하였

지금은 '진상역'으로 불리는 옛 섬거역 전경

고, 일본군은 섬진강을 경계선으로 농민군이 하동에 진출하지 못하도록 철통같은 방어선을 구축하였다. 그리고 조선 정부는 지석영을 진주목사로 임명하여, 영남우도의 요충지이자 농민군 활동의 근거지였던 진주를 장악하였다.

*** 자세히 들여다보기
  이이화, ≪발굴 동학농민전쟁, 인물열전≫, 한겨레신문사, 1994
  한국역사연구회, ≪1894년 농민전쟁연구≫4·5, 역사비평사, 1995·1996

섬진강 이름의 유래

섬진강은 지리산의 서쪽, 전라도의 동남부를 가로지르며, 전라남도와 경상남도의 경계를 이루는 강이다. 사수강·사천·두치강으로 불리던 이 강이 '섬진'이라고 불린 것은 '섬진나루'에 있는 두꺼비에서 유래한다.

광양 매화마을 앞의 섬진나루에는 높은 바위 위에 수월정과 두꺼비 석상 4기가 있다.

지금의 광양군 진상면 섬거마을에 두꺼비가 떼지어 살고 있었다. 임진왜란이 일어나 왜군들이 강을 타고 올라오자, 마을에 있던 두꺼비는 회의를 열어 나라를 구하자는 의견을 모으고 대행군을 시작하여 울부짖기 시작하였다. 두꺼비는 섬진강가에 나란히 앉았고, 왜군들은 그 모습에 놀라 퇴각하였다.

이때부터 '두꺼비섬(蟾) 나루진(津)'를 써서 섬진강으로 불렀다고 전한다.

동학농민군을 도운 경상우병사 민준호

 진주지역 동학농민전쟁을 살필 때 빼놓을 수 없는 것 중의 하나가 동학농민군을 진압해야 할 병사(兵使)가 오히려 동학농민군을 도왔던 사실이다. 그 주인공은 당시 경상우병사 민준호(閔俊鎬)였다. 그는 김인배가 이끄는 동학농민군이 진주에 입성할 때 영장을 보내 정중하게 맞이하였을 뿐아니라 심지어 농민군들을 위로하는 잔치를 베풀어 농민군의 사기를 북돋아 주는 등 동학농민군을 지원하였다.

 여흥 민씨 집안 출신인 그는 25세에 무과에 합격한 이래 방어사와 경리청 영관 등을 지내고 1894년 정월 경상우병사로 부임했다. 그가 부임할 무렵 진주는 농민항쟁으로 어수선하던 상황이었다.

 지리산을 북쪽에 두고 있는 진주의 관할지역에는 농민군이 다수 출몰하고 있었다. 더욱이 1894년 4월 고부의 농민봉기와 전봉준의 전주성 입성 소식이 전해지면서 이곳 농민군의 활동도 눈에 띄게 활발해져 갔다. 이들 농민군은 호남과 달리 고을을 접수하거나 관군과 싸우려 하지 않은 채, 덕산을 근거지로 삼고 삼장·시천·청암·사월 등 지리산 주변을 넘나들면서 탐학관리나 양반·토호 등을 응징하였다.

 그러나 당시 진주 일대의 치안을 책임맡았던 병사 민준호는 농민군을 진압하기는 커녕 오히려 농민군의 활동을 지원하기까지 하였다. 1894년 9월 진주성의 곳곳에 농민군의 방문이 걸리고, 급기야 평거 광탄진에서 농민군대회가 열릴 때에도 민준호는 어떠한 군사적 행동을 취하지 않았다. 농민군의 공격을 받아 위태로워진 하동부사가 진주 병영에 원병을 요청할 때에도 그는 외면하는 등 시종일관 동학농민군의 편에 서 있었다.

그리고 김인배의 농민군이 진주성에 입성할 때, 민준호는 농민군이 병영 앞에 이르자 30여 명의 병사를 이끌고 나가 직접 성 안으로 안내하였으며, 농민군에게 잔치를 베풀며 환영하였다.

이 사실이 중앙에 알려지면서, 민준호는 병사에서 해임되고 말았는데, 재미있는 것은 진주 농민군대회에 참가하던 농민군들이 옛 병사 민준호의 유임운동을 전개했던 사실이다. 이는 그만큼 농민군 사이에서 민준호의 신망이 컸음을 말해주는 것이기도 하지만, 동학농민전쟁의 과정에서 농민군이 옛 관리의 유임을 주장한 것은 찾아보기 힘든 진풍경이었다.

민준호가 이처럼 농민군을 도왔던 배경이 무엇인지 구체적으로 알 길이 없으나, 아마도 친일개화정권에 비판적이던 정치적 입장에서 연유한 것이 아닌가 한다. 그는 일본세력을 등에 업고 개화를 펴나가는 정치세력을 거부하고, 반외세 항쟁을 벌이던 농민군을 지지했던 것이다.

*** 자세히 들여다보기
이이화, ≪발굴 동학농민전쟁, 인물열전≫, 한겨레신문사, 1994
한국역사연구회, ≪1894년 농민전쟁연구≫4·5, 역사비평사, 1995·1996

진주의병부대와 노응규의병장

　노응규가 이끄는 진주의병은 1896년 영남지역에서 일어난 전기의병 가운데 안동의병과 더불어 양대산맥을 이룰 만큼 대표적 의병부대이다.

　진주의병을 주도한 노응규는 함양군 안의 출신이다. 그는 1861년 안의면 당본리 죽전동에서 시골 선비 노이선의 차남으로 태어나 어린시절 성재 허전(許傳)의 문하에서 전통 유학을 공부하였다. 그후 그는 면암 최익현을 사사해 실천적 위기지학을 익히기도 하였다.

　노응규는 민비시해와 단발령 등 일련의 망국적 상황에 직면하자, 1896년 2월 의병을 일으켰다. 이때 노응규 의진에 참가한 인사로는 장수사(長水寺) 승려 서재기를 비롯해 정도현·박준필·최두원·최두연 등 문인들이 참여했다.

　이들은 의병부대를 결성한 뒤 경상우도의 행정·교통·지리상의 요지인 진주성을 공략하기 위해 진주로 진격하였다. 당시 진주성안의 영남포정사(嶺南布政司)에는 갑오경장의 일환으로 전국행정조직이 개편되면서 관찰부가 자리잡고 있었다. 진주향교에서 진용을 정비한 노응규의병부대가 밤늦게 급시에 공격하자 관찰사와 경무관들이 혼비백산하여 달아났고, 진주성을 함락시킨 노응규 의병은 창의소를 임금에게 올려 의병을 일으킨 명분을 고하였다.

　노응규의병장이 진주성을 점령하자, 진주부민들도 즉시 거의해 정한용을 대장으로 삼고 성밖에 진을 쳤다. 정한용 의병진에

영남포정사의 정문, 망미루
1618년(광해군 10)에 건립된 누각은 사방으로 적의 동태와 함께 경관을 살필 수 있어 망미루라고 불렸다가 1895년(고종 32) 경상도 관찰청사가 들어서면서 도청의 정문으로 사용되었다.

는 호남의 거유 노사 기정진의 문인으로 합천 쌍백의 이름난 선비인 정재규도 가담하고 있었다. 진주의병은 진주성 점령 이후 진주를 거점으로 삼아 인근의 여러 지역을 아우르며 활동영역을 확대시켜 나갔다.

선봉장 서재기는 2월 27일 의병부대를 거느리고 산청군 단성으로 들어가 군수를 '개화죄'로 처단하려 했으나 민포군 50명을 의병에 가담시키는 등 군수가 의병활동에 적극 협조해오자 석방하였다. 진주의병의 소식이 전해지자 하동군수와 고성군수는 의병이 오기도 전에 도주하였으며, 함안군수는 의병에 의해 죽임을 당하기도 하였다.

진주의병은 유능한 인재를 선발하여 관할 구역의 치안과 행정을 무리없이 처리해 나갔다. 또한 사리에 밝은 인물들을 향중(鄕

中)의 추천으로 선발하고 좌수·이방·호장 등의 관헌을 새로 임명하였다. 인근의 여러 고을에도 전령을 보내 향리 등의 관속을 새로 임명, 모든 공무를 평상시와 같이 집행하게 하여 민심의 동요를 막았다.

노응규의병의 공격으로 대구부로 달아났던 경무관 김세진이 대구진위대 병력 60여 명을 지원받아 진주성 탈환을 위해 공격했으나 의병부대가 격퇴하였고, 다시 관찰사 조동필이 관군을 끌고 진주 부근까지 왔으나 이를 알아차린 의병부대가 기습해 관군을 대패시켜 버렸다. 이렇게 승전을 올리는 가운데 노응규 의병부대는 주위에서 사람들이 몰려와 급격히 군세가 확장되었다. 그리고 활동영역도 더욱 확대하여, 3월 말경에는 부산 공략을 목표로 동쪽 김해까지 진출하였다.

그같은 상황에서 관군은 진주의병부대의 분열을 책동하기 위해 진주 출신 정한용을 매수하였다. 관군에 매수된 정한용은 노응규가 서울로 진격할 의사가 있음을 알고 병력을 분산시켜 배치하자는 제의를 했다. 그것은 진주성의 병력을 약화시켜 관군의 공격을 용이하게 하기 위해서였다. 그러나 간계를 눈치채지 못한 노응규는 그 제안을 받아 들여, 4월 12일 정한용이 이끄는 의병진이 합천 삼가로 옮겨 갔으며, 서재기가 거느린 다수의 의병은 진주의병의 발상지인 안의로 옮아가 진주성 안에는 노응규가 이끄는 50~60명의 의병만이 성을 지키고 있었다. 그리고 관군은 이 틈을 타 진주성을 공격해 왔다.

관군의 공격으로 진주성이 함락된 후 노응규는 잔여 의병을 거느리고 합천 삼가로 향하였으나, 정한용은 이미 의병진을 해산시키고 난 뒤였다. 또한 안의에 진을 치고 있던 서재기는 그곳

진주향교 대성전 입구

서리들과 친일파들의 흉계에 의해 무참히 살해되었으며, 의병들도 사방으로 흩어지고 말았다. 서재기를 살해한 안의의 서리배들은 노응규의 칠순 고령 부친과 형 응교를 살해하고 재산을 몰수하였다. 이에 노응규는 자결할 생각도 가졌으나, 토적복수의 대의를 다지며 호남지방으로 피신하였다. 이때 그는 호남의 거유 송사 기우만 등과 함께 일그러져 가는 시국을 통탄하는 우국의 방도를 모색하였다.

1897년 광무황제(고종)이 러시아공사관에서 경운궁으로 돌아오자, 노응규는 서울로 올라와 임금에게 상소를 올려 '사면'을 받고 부형을 살해한 서리배들을 왕명에 의해 처단하였다. 또한 그는 벼슬길에 나아가 1902년 규장각 주사를 거쳐 중추원의관

등을 역임하다가 1905년 을사오조약이 강제 늑결되자, 관직을 버리고 전라도 광주로 내려가 의병 재기를 도모했으나 여의치 않자 최익현의 의진에 참가하였다. 최익현 의진이 해산하자, 경남 창녕에서 은둔생활로 보내다가, 1906년 가을 충청·경상·전라의 분기점인 충북 황간에서 다시 의병부대를 결성하였다.

의병부대를 결성한 노응규는 무기를 제조하고 군사훈련을 실시하면서 의병부대의 전력 강화에 힘을 쏟았으며, 일본군과 교전하여 척후병들을 처단하는 승전보를 올리기도 하였다. 이때 노응규는 이장춘, 문태수 의병장 등과 연대를 이루며 장차 서울로 북상할 계획을 세웠으나, 일본군 측에 사전 탐지되어 1907년 1월 체포되고 말았다.

이로써 노응규의 황간의병부대는 해산되고 말았으나, 노응규는 옥중에서도 의연한 기개를 잃지 않으며 항거하다가 투옥된 지 한 달도 채 못되어 옥중 순국하였다.

*** 자세히 들여다보기
　독립운동사편찬위원회, ≪독립운동사≫1, 1971
　윤병석, ≪한말 의병장 열전≫, 독립기념관 한국독립운동사연구소, 1991
　박민영, 〈신암 노응규의 진주의병 항전연구〉≪백산박성수교수 화갑기념 한국독립운동사의 인식≫, 삼화인쇄, 1991

명나라 후예 석상룡의 지리산의병부대

한말에 지리산을 무대로 활약한 의병부대가 적지 않지만 석상룡(石祥龍)의병부대는 지리산 사람들이 조직한 의병이라는 점에서 주목되고, 의병장 석상룡이 명나라 후예라는 점에서 더욱 각별한 의미를 지닌다.

석상룡은 임진왜란 때 명나라 병부상서 석성(石星)의 13세 종손이었다. 임진왜란 때 조선에서 명나라에 원병을 청했을 때 석성이 원병파견을 강력히 주장하여 이여송의 군대가 오게 된 것은 잘 알려진 사실이다. 그런데 석성은 정유재란이 일어나자 정적들로부터 조선 원조에 실패한 책임추궁을 받아 처형되고 말았

석상룡이 살았던 옛집터

인월과 마천을 잇는 60번 도로 임천강변의 의병장 석상룡선생 전적비

다. 그때 둘째아들 천이 조선으로 피난했으나 맏아들 담(潭)은 유배되었다. 그후 희종 때 신원은 되었지만 가세를 만회할 길 없자 담도 조선으로 건너왔다. 조선에서는 은인의 아들이라 하여 그를 수양군에 봉하고 해주 석씨로 성을 내려 주고 황해도에 살게 했다.

명나라가 망한 뒤 청나라에서 이들을 잡아오라고 추궁하기에 이르렀다. 조선 정부는 그들을 경상도 산음(산청)으로 숨기고 전답을 내리니 산청군 생초면이 그들이 살던 곳이다. 세월이 지나면서 조선 사람들은 명에 대한 원병 은공을 잊어갔고, 관리와 토호들의 수탈에 석씨들은 나라에서 준 전답마저 빼앗기고 지리산으로 들어가 화전민으로 살게 되었다. 지리산 최상봉 천왕봉의 북쪽 칠선계곡의 가파른 경사지대인 추성리에 터전을 일군 이들은 와신상담하며 재산을 모아 새부자의 소리를 들으며 한을 풀 기회를 찾고 있었다.

원래 화전민촌은 집단부락이 아니기 때문에 쉽게 의병이 조직되지 않았다. 그러나 1907년 9월 총포화약취체법이 발동하여 산포수들의 총조차 빼앗길 형편에 이르자 그들도 앉아 있을 수만은 없었다.

더욱이 추성리 입구의 실상사나 벽송사에도 일본군이 주둔하여 뱀사골·백무동계곡·칠선계곡 등의 화전민을 못살게 했다. 이때 추성리에서 글을 익힌 선비로 석상룡이 근방의 화전민과 남원·함양·산청 지방의 의병을 모아 지리산의병부대를 결성하였다.

석상룡의병부대는 때마침 지리산으로 들어온 문태수·유종환·오대근·전백현 의병진과 연락하며 지리산의 험준한 산악을 넘나들면서 일본군과 싸웠다. 석상룡의병부대는 실상사전투를 비롯하여 성삼재전투·벽소령전투·쑥밭재전투 등을 통하여 혁혁한 전과를 올렸다. 그것도 한 두해가 아니라 1907년 말부터 1912년 석상룡의병장이 일본군에 잡힐 때까지 5년이 넘게 지리산을 무대로 활동하였다.

실상사에는 1907년 일본군이 주둔하고 있었다. 50여 명의 석상

쑥밭재 아래 의병장 석상룡의 송덕비와 묘소

근대 민족운동의 발화와 다양한 갈래

석상룡 의병장의 손자 석덕완

룡 의병은 1908년 3월 그믐(양력 4월 29일) 야음을 틈타 일본군의 병영을 습격하였다. 격전 끝에 의병들은 서쪽 노루목(獐項)으로 퇴각하였다. 일본군들은 5월 11일(음력 4월 12일) 부근의 도마리(都馬里) 서당에 인근 주민을 집합시킨 후 집단 학살하겠다고 협박하면서 김학길 청년을 참살하였다. 이때 마천면장 노지현(盧址鉉)이 달려와 일본군을 설득하여 참변을 모면할 수 있었다.

석상룡 의병장은 1912년에 잡혀 5년간의 옥고를 치르고 나와 모진 고문의 여독으로 1920년 50세에 순국하였다. 동생 채룡은 일경의 눈을 피해 산중에서 돌을 깎아 석상룡 의병장의 공덕비를 무덤 앞에 세웠다. 공덕비에는 "공의 자는 용현(龍見)이고 세칭 비호장군이라 하였다. 용력이 뛰어나 국가 멸망의 위기에 의병을 일으켜 지리산중에서 왜병을 참(斬)한 것이 많았다. 마침내 투옥되어 5년 뒤에 나왔으나 옥중의 고질로 경신(庚申) 10월에 울분을 머금은 채 떠났다"고 새겨져 있다. 석상룡 의병장의 무덤은 인적이 닿지 않은 쑥밭재 밑에 있다. 현재 추성리에는 15세 종손 석덕완 선생이 살고 있다.

*** 자세히 들여다보기
조동걸, 《독립군의 길따라 대륙을 가다》, 지식산업사, 1999

진주의 3·1운동

진주의 3·1운동은 3월 18일에서 21일까지, 또한 4월 초와 중순에 모두 세 차례에 걸쳐 일어났다. 이곳 3·1운동은 광무황제 장례식에 참석한 김재화·심두섭·조응래·박대업 등이 〈독립선언서〉를 가지고 오면서 시작되었다. 그리고 김재화 집에서 민족의식이 투철한 지사들이 모여 만세시위를 계획하였다. 이때 참석한 인사들은 조선국권회복단의 변상태와 연결되어 있던 박진환, 그리고 강달영과 강상호 등이었다. 후일 강달영은 진주 농민조합을 통해 농민운동을 전개하다가 조선공산당 2차 책임비서로 활약하였으며, 강상호는 진주에서 발기한 형평사운동의 핵심 인사로 활동하였다.

시위 지도부는 거사일을 3월 18일로 정하고, 기독교·학교·각 사회 단체와 사전 교섭하여 진주 읍내를 옥봉동·재판소·사장통 부근 등 3개 구역으로 나누어 동시다발적 시위를 계획하였다. 거사 당일 오후 1시 비봉산에서 이영규가 울리는 나팔소리를 신호로 재판소 부근 군중 속에 있던 이강우는 〈독립선언서〉를 낭독한 후 독립만세를 선창하였다. 이에 수천 명의 시위대는 시가를 가로질러 도청쪽으로 행진하였다. 일제는 소방차로 시위군중에 물을 뿌리고 곤봉으로 난타하였으나 시위대는 점차 불어나 오후 4시경에는 1만여 명에 달했다.

3월 18일 진주 장날부터 시작된 읍내의 3·1운동에서는 학생과 일반 주민은 물론 노동자·걸인·기생·농민독립단 등이 독자적 대열을 이루어 시위에 참가했다. 상인들은 철시로써 시위

진주의 진산, 비봉산

에 응했다. 특히 광림학교의 졸업생과 학생들은 악대를 선두로 하여 애국가를 불러 시위 열기를 고취시켰다. 3월 19일 시위에서는 오전 11시에 봉기하여 몇 차례에 걸친 강압적인 해산 조치에도 불구하고 투석으로 맞서면서 밤 11시까지 산발적 시위를 벌였다.

한편 이웃 정촌과도 사전에 연락하여 초기부터 지역적 연대투쟁을 모색하였다. 정촌면의 농민들은 남강까지 진출하여 진주 읍내로 진입하려고 시도하였으나, 일경에 의하여 차단되어 남강을 사이에 두고 만세함성으로 읍내 시위에 성원하였다.

진주의 만세시위는 뚜렷한 주도자없이 자연발생적으로 시위가 전개될 만큼 항일의식이 폭넓게 확산되어 있었다. 3월 18일 걸인독립단은 "우리들이 떠돌아 다니면서 구걸 생활을 하는 것은 왜놈들이 우리의 생산 이익을 빼앗았기 때문이 아닌가. 우리나라가 독립하지 못한다면 우리들은 물론이고, 2천만 동포들이 모두 쓰러져 구렁을 메우리라"고 외칠만큼 기층 민중의 의식도 발전해 있었다. 4일간 연속 대규모 시위가 일어나자 이에 고무받은 금곡의 면서기 등은 '조선독립의 글', '조선독립 의뢰' 등의 격문을 작성하여 군내 각지에 배포하면서 만세시위에 참가하기도 하였다.

하동 3·1운동 때 배포한 대한독립선언서

　진주지역의 만세시위는 평화적 행진과 투석·철시·벽보 등 다양한 형태로 전개되었으며, 1만여 명의 대규모 시위로 발전되는 가운데 이웃 고을로 전파되면서 하동·사천·삼천포 등지의 만세시위를 촉발시켜 나갔다. 또한 3·1운동을 분수령으로 성숙된 항일의식은 이후 진주지역 독립운동의 원동력이 되었다.

*** 자세히 들여다보기

　이용락 편저, ≪3·1운동실록≫, 사단법인 삼일동지회, 1969

　독립운동사편찬위원회, ≪독립운동사≫3, 1971

　삼일동지회, ≪부산경남삼일운동사≫1, 1979

　한국역사연구회·역사문제연구소 엮음, ≪3·1민족해방운동연구≫, 청년사, 1989

유학의 근대적 변용과 곽종석의 독립운동

학파를 넘나든 유학자 곽종석

곽종석(1846~1919)은 현풍이 본관이며, 경상도 단성 출신으로 아버지는 곽원조(郭源兆)이다. 4살 때부터 아버지와 이홍렬에게 사서오경 등을 배웠다. 12살에 아버지를 여의고 난 뒤 유가 경전은 물론, 도가와 불가 경전까지 섭렵하였다. 그 뒤 송학(주자학)에 관심을 가지며 회와(晦窩)라는 당호를 짓고, 성리학 공부에 전념하여 20대 초반에 이미 학자의 명성을 떨쳤다.

25세 때 이진상의 문하에 들어갔으며, 1883년 안동부 춘양(봉화군 춘양면)으로 옮겨 퇴계학문의 문적과 형세를 분석할 기회를 가졌다. 이 때 기호학계의 거두 이항로의 주리설을 변론하면서 기호학계의 논쟁에 뛰어들기도 했다. 1895년 비안현감에 제수되었으나 사양하고 때마침 을미의병이 일어나자, 안동과 제천 지역의 의병 진영을 살피기도 하였다.

1896년에는 거창의 다전(茶田)으로 옮겨 살았다. 그는 미국·영국·러시아·프랑스·독일 등의 공관에 열국의 각축과 일본의 침략을 규탄하는 글을 발송하였다. 당시의 유학자들이 위정척사사상에 입각해 의병을 일으켰던 것과 비교할 때, 만국공법(국제법)에 호소하는 특수성을 보이고 있다.

이 무렵 서울에서는 독립협회가 해산당한 뒤 전국에서 인재를 구하고 있었다. 이 때 1899년 중추원 의관으로 부름을 받았으나 사양하고 학문에만 전념하였다. 당시 스승 이진상의 《한주집》을 편찬하였으며, 조식의 《남명집》도 교열하였다. 이는 학문

성향이 주리설의 종통인 퇴계학에 묶여 있지 않았음을 말해주는 것이라 하겠다. 또한 그것은 기호학계의 논쟁이던 호락시비의 인물성동이론(人物性同異論)에 관여한 것으로도 알 수 있다.

그는 1903년 상경하여 10여 일간 고종을 독대하면서 도덕성의 회복과 사회 기강의 확립으로 내수자강하여 대외적으로도 국권을 확립해야 한다는 논리를 폈다. 이에 고종의 감복을 얻어 곧 의정부 참찬에 임명되고 삼세(三世) 추존까지 있었다. 그러나 거듭 사퇴하고 고향으로 돌아왔다. 그 뒤에도 소명이 있었으나 상소로써 사양하였다.

1906년 을사의병이 확산될 때, 의병을 일으켜야 한다는 논의가 있었으나 이에 동참하지 않았다. 그리고 이듬해에는 신기선이 유교학회 설립(후일 대동학회)을 제의해 왔지만 이것도 사양하였다. 1910년 나라가 망하자 이름과 자를 개명하기도 하였다. 그 뒤 영남은 물론, 호남의 전우(田愚)와 기정진(奇正鎭), 기호의 이항로·김복한(金福漢) 등의 유문(儒門)과 또 양명학계의 황원(黃瑗)과 개성 출신 김택영(金澤榮) 등과도 교유하였으며, 그리스 철학과 기독교 교리까지 탐구하면서 심즉리설을 발전시켜갔다. 한편 조식과 이진상을 비롯한 경상우도 유림의 문적과 유적을 정리하여 이 지방 학풍의 위치를 확립해 놓았다. 그때 ≪한주집≫ 간행을 계기로, 그가 주장한 심즉리설이 주기설(主氣說)측에서는 물론, 안동을 중심한 주리설측으로부터도 이단시되는 논란이 있었지만, 이론적으로 설복시켜 자신의 학설을 더욱 굳혀 나갔다.

이러한 가운데 학자적 명성이 더욱 널리 알려졌으며, 3·1운동 때 137인의 파리장서에서 대표로 추대되었다. 이 일로 2년형의 옥고를 겪고 출옥했으나 여독으로 곧 사망하였다.

한국유학을 결산

곽종석은 한국유학사를 일단 결산한 학자로서 주목된다. 그는 이진상의 학설을 이어 심즉리설을 확립시켰다. 그런데 그것이 왕양명(王陽明)의 심즉리설과 다른 것은 물론, 같은 주리설이면서도 이황의 심합이기설(心合理氣說)과도 같지 않았다. 그것은 퇴계학설의 수정 또는 발전이라고도 할 수 있으나, 한국 유학을 종합하였다고 할 수 있다. 조식의 학풍이 가득한 고장에서 태어나고 자란 그는 조식의 깊은 영향을 받았다. 이진상 문하에 들어가면서 이황의 성리학이 아우러져 그의 학문세계가 형성되었다고 할 수 있다.

또한 처음에 제자백가와 불가의 경서까지 탐색한 뒤에, 주자학을 공부했으므로 성리학자에게서 흔히 볼 수 있는 교조주의에 함몰될 위험이 적었다. 그러므로 기호학계나 호남학계와 폭넓게 교우할 수 있었고, 서양철학까지 탐문하는 폭을 보일 수 있었다. 그리고 조선조의 당색(黨色)을 논함에 있어서도 어느 당색에도 속할 이유가 없다는 점까지 밝히면서 어떤 틀에 구속되는 것을 거부하였다.

다전경의문답 곽종석이 친구·문인들과 함께 경서와 제가의 주석을 연구하였던 왕복편지를 박우희(朴雨喜)와 김황(金榥)이 22권으로 편집하였다.

곽종석은 기본적으로 주리적 입장을 견지하고 각종 주기론을 배격하였다. 또한 그는 성리학에 머물지 않고, 전국 유림과의 서한을 통해 남긴 예학이나 경학, 그리고 한문학의 업적도 컸을 뿐만 아니라, 지리·농업·산학(算學)·병법에 관한 저술도 남겼다. 양명학자와도 사귀었고, 또 서양의 국제법 책인 ≪공법회통(公法會通)≫이나 ≪고대희랍철학고변(古代希臘哲學攷辨)≫의 후서(後書)를 쓰는 등, 다방면에 관심을 가지고 다양한 문자를 남기고 있다.

망국을 전후한 시기 유학자의 태도는 망명(亡命)·기의(起義)·자정(自靖)의 세 가지 유형으로 분류되는데, 그는 넓은 의미에서 자정론자였다. 을미의병 당시 안동에 살았는데, 그때 권세연(權世淵)이나 김도화(金道和)의 의진에서 부장(副將)으로 추대되었으나 응하지 않았고, 을사의병 때는 최익현의 제의가 있었으나 역시 응하지 않았다. 그의 자정론은 즉각으로 죽음을 택하는 것이 아니라 죄인으로서 자중 고행하며 깨끗한 죽음에 이르는 것이었다. 때문에 글은 가르쳐도 문인록을 작성하지 못하게 하였다.

그리고 국왕의 신하로서 국왕의 군대와 싸울 수 없다는 철저한 군주옹위론의 처지를 지켰으니, 이것은 의병을 일으킨 뒤 순창에서 국왕의 군대에 총을 쏠 수 없어 해산한 최익현과 같은 논리였다. 그리고 자정론의 성격에서는 전우와 논리적 궤를 같이 하였으나, 위정척사의식에 묶여 있지 않았다는 점에서 다르다. 그리고 1908년에 간도로 망명한 이승희(李承熙)와 그 뒤 장석영(張錫英)이 망명을 제의했을 때도 거절하고 국내에서 죄인으로서 고행의 길을 고집하였다.

이동서당의 강당 이동서당은 1920년 곽종석을 추모하기 위해 세운 서당으로 강당·서재·사우로 구성되며, 사우는 1919년 건립되었다.

죽은 뒤 단성에 이동서당(尼東書堂), 거창에 다천서당(茶川書堂), 곡성에 산앙재(山仰齋)가 그를 기념하여 세워졌다.

곽종석 사후 그의 학문은 문인들에 의해서 계승되었다. 김창숙의 경우 식민지시기에는 독립운동을, 해방 후에는 정치활동을 주로 하였다. 김황은 1915년 1차 유림단 사건과 1926년 2차 유림단 사건에 연루되기도 하였으나, 현실활동보다는 학문연마와 문인 양성에 주력하였다. 이로 인해 전통사회와 현대사회를 연결시키는 마지막 유종(儒宗)이라 평가되기도 한다. 한국사학계에서 대표적인 문인으로는 허선도(전 국민대 교수), 송찬식(전 국민대 교수), 이성무(전 국사편찬위원회 위원장), 유승주(전 고려대 교수) 등이 꼽힌다.

파리장서 대표로 참여하다

　파리장서라 하면 1919년 3월 3·1운동이 활발하게 전개되고 있는 시점에 김창숙이 중심이 되어 파리강화회의에 유림대표의 명의로 발송한 공문을 지칭하며, 주요 내용은 한국의 독립을 청원하는 것이었다. 당시 김창숙은 자신의 스승인 곽종석을 대표로 하여 영남 유림의 장서를 휴대하고 파리를 향하여 출발하다가 서울에서 충청도에서도 임경호가 자신의 스승 김복한을 대표로 장서를 발송할 준비를 하고 있다는 사실을 알았다. 이에 김창숙과 임경호는 양자를 통합하기로 하고, 장서의 내용은 영남본으로 하고, 연명자는 곽종석과 김복한을 비롯한 137인으로 하였다.

　이후 중국인 장관군(張冠軍)의 지원을 받아 김창숙은 3월말에 출발, 봉천을 경유하여 상해로 가서 때 마침 임시정부 수립을 위하여 그곳에 모인 이동녕·신규식·이시영·신채호 등과 협의하여 파리행은 중단하고, 한문과 영문으로 2천 부와 3천 부를 각각 인쇄하여 파리에 파견되어 있던 김규식에게 보내고, 동시에 국내외 각처에도 발송하였다.

　파리장서에서 유림들은 세계가 약육강식의 시대가 지나고 대동의 시대가 도래하였음을 지적하고, 아울러 인도주의를 천명하였다. 이어 자연법칙에 의한 세계 질서를 외치고, 이에 근거하여 3천리 강토와 2천만 인구와 4천년의 역사를 이어온 한국이 10여 년 전 일본의 간계로 합병되었지만 오늘날 세계 사조에 맞추어 당연히 독립이 되어야 한다고 주장하였다.

　파리장서는 파리강화회의에 대해서는 독립청원을, 일본에 대해서는 독립선언의 의미를 가지는 것으로, 유림대표 137명이 모두 서명하였다는 데서 매우 이례적인 일이었다. 또한 강화회의

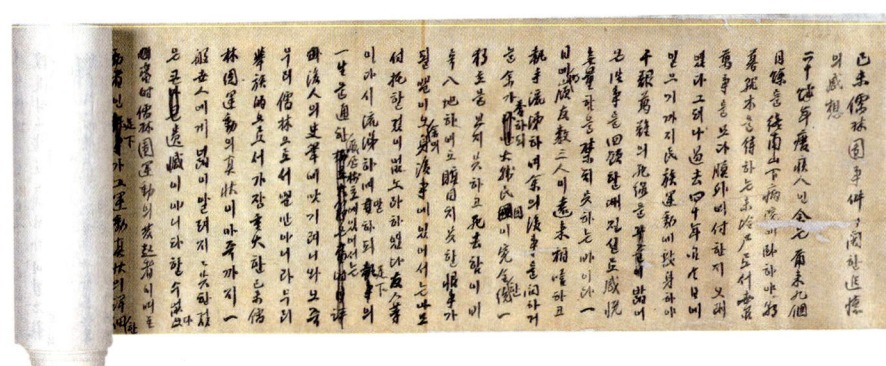

제1차 유림단 항일 전말문서
1919년 곽종석·김복한 등 유림대표 137명은 파리평화회의에 독립청원서를 우송하여 큰 반향을 불러일으켰다. 이 문서는 유림의 독립운동 사실전말과 감상을 기록한 것이다.

가 열리는 파리에 보내졌을 뿐 아니라 국내와 동포들에게 배포됨으로써 독립운동의 분위기를 고조시키는 한편 식민지하 유림의 처신할 방법을 제시하였다. 이외에 중요한 점은 전통적 관념으로 볼 때 오랑캐 모임인 강화회의에 독립을 청원하는 것이므로, 문장의 서술이 어떠한 가를 떠나서 그 행동 자체가 오랑캐 인식에서 탈피한 것이었다. 곧 조선 후기 이래 고양된 위정척사사상을 청산하기 위한 작업을 주도했다는 점에서도 역사적 위치를 조감할 수 있을 것이다.

*** 자세히 들여다보기
허선도, 〈3·1운동과 유교계〉《삼일운동50주년기념논집》, 동아일보사, 1969
조동걸, 〈파리장서의 성격과 역사적 의의〉《한국근현대사의 이해와 논리》, 지식산업사, 1998
금장태, 《퇴계학파와 이철학의 전개》, 서울대출판부, 2000

형평운동의 총본산, 진주

백정의 인권을 위한 운동

　백정들의 인권회복운동인 형평운동은 1923년 4월 25일 진주에서 형평사(衡平社) 발기인회가 개최되면서 시작되었다. 형평사라는 명칭은 참다운 '평등사회'를 실현하자는 뜻에서 붙여진 것이다. 즉 사람과 백정이 따로 있는 것이 아니라 사람이면 누구나 평등하다는 슬로건 아래 전개한 백정해방운동이었다.

　1894년 갑오경장으로 신분차별이 타파되었다고 하나 전통적 인습은 그대로 남아 백정은 사회적 특수천민으로 남아 있었다. 이들은 인간으로서 살아갈 어떠한 권리도 누리지 못하였다.

　진주 백정사회의 유력자 이학찬(李學贊)이 백정 자제의 교육을 위해 공사립학교에 취학운동을 벌인 바 있었으나 백정의 자제라는 이유만으로 거절된 일이 있었다. 이에 이학찬은 진주의 상민 강상호·신현수·천석구 등과 백정 출신 장지필(張志弼) 등과 함께 1923년 4월 25일 조선형평사를 발기하였다.

　이때 발기인이 작성한 주지문의 일부를 옮기면 다음과 같다.

　　공평은 사회의 근본이고 애정은 인류의 본령이다. 그런고로 우리들은 계급을 타파하고 모욕적 칭호를 폐지하여 교육을 장려하며 우리도 참다운 인간이 되는 것을 기하는 것은 본사의 주지이다. 지금까지 조선의 백정은 어떠한 지위와 어떠한 압박을 받아왔던가. 과거를 회상하면 종일토록 통곡하여도 금할 길 없다. 여기에 지위와 조건문제 등을 제기할 여가도 없이 목전의 압박을 절규하는 것이 우리의 실정이다.

오늘날의 눈으로는 이해하기 어려운 사정이지만, 당시의 현실은 그러했다. 형평운동 선구자의 한사람인 장지필이 작성한 호소문은 그같은 애절함을 절실하게 표현하고 있다.

우리는 과거와 현재 너무 가혹한 대우를 받고 있어 부득이 이러한 운동을 시작하게 되었다. 우리 백정으로 말하면 이조(李朝) 초년에 비로소 그런 칭호가 생겼다.… 그리하여 5백년을 사람대우를 받지 못하고 피눈물 가운데 사는 백정이 40만이나 된다. … 갑오경장이 시작될 때 칠반천역(七班賤役)의 면천입적(免賤入籍)하라는 조서가 내렸다. 그러나 지금 30년이란 긴 세월이 지났지만 의연히 그 해방이 실현되지 못하고 심지어 민적에까지 도한(屠漢) 등 문자를 써두어서 자식을 입학시킬 수 없고 영원히 사람대우를 받지 못할 지경에 있다.
우리의 직업이 천하다 하면 도살하는 사람은 천대를 하더라도 도회지를 떠나보면 3대나 4대나 소잡는 것이 무엇인지도 모르는 사람들도 그와같은 천대를 받는다. 그리고 민적으로 말하면 참으로 참혹한 일이 있었다.
내가 29세때 명치대학 법과 3년까지 다니다가 가정형편으로 졸업을 못하고 돌아와서 집에 있을 때 총독부에 취직하려고 경성에 가서 주선했는데 민적등본을 제출하라기에 그 등본을 올려다본즉 직업이 도한으로 되어 있었다. 그것을 내놓기에 미안하여 그만두고 우리의 해방

형평사 본부의 옛터

운동을 하려고 우리의 눈물흔적을 찾아 온 조선을 돌아다녔다. 그뿐아니라 아이들을 학교에 보내려면 민적이 필요하다. '도한'이란 것을 보면 곧 쫓아낸다. 그러면 우리는 자자손손이 귀먹고 벙어리가 되라는 것이다. 누구의 죄악이라고 할까요. 그러나 5백년동안 배여있는 습관이 일시에 없어지겠는가.

　우리가 옷에다가 붉은 소피를 묻혀가지고 당장에 대우를 받으려하면 되겠는가. 첫째 교육에 힘써서 남과 같은 지식을 준비하는 동시에 차차 노동화하기로 힘쓰겠다. 사회의 동정으로 이 형평사가 창립된 것은 무엇이라고 감사해야 할 지 모르겠다. 그리고 우리의 운동은 애걸이요 반항이 아니다. 그러나 사회가 어디까지나 우리

근대 민족운동의 발화와 다양한 갈래

진주성 앞 형평운동기념탑

를 사람대우하지 않는 때는 부득이 그때는 대항이라도 해 볼 것이다. 제일 딱한 일은 당국에서 우리 운동이 혹 일본의 수평사와 악수나 하지 않는가 하여 주목하는 듯 하다. 그러나 우리의 목적은 다만 해방되어 평등대우만 받게 되면 그만이다. 그 이상 바라는 것이 없다.
(《동아일보》 1923년 5월 20일)

이렇듯 백정의 신분해방을 위해 전개된 형평운동은 급속히 사회로 확산되어 갔다. 1923년 8월 1일 형평사 김해분사가 설립되었고, 1924년 2월 10일 부산에서는 49개 군의 3백여 대표가 참가하여 형평사 전조선임시총회를 개최하였다.

형평운동의 변천

형평사는 장지필이 이끄는 혁신파와 상민출신이 이끄는 보수파로 분파되기도 했으나, 1924년 10월 양파의 타협에 의해 수습되었다.

형평운동은 그 전개과정에서 사회주의운동과 밀접한 관련성

속에서 전개되었다. 그것은 무산계급의 해방을 표방하는 사회주의 논리가 백정으로서 사회적인 신분차별을 당하면서 동시에 무산층이기 때문에 백정사회 내에서도 경제적 궁핍을 강요당하던 무산백정들에게 설득력을 가질 수 있었기 때문이다. 그러나 사회주의 논리를 받아 들인 형평사 급진 세력은 무산계급해방이라는 큰 틀 속에서 신분해방운동이라는 형평운동 본래의 목적을 해소시키는 결과를 가져왔다. 이러한 상황에서 급진파가 일제의 탄압으로 제거되자, 형평사의 주도권은 유산계급 온건파에 의해 장악되었고, 이들은 점차 우경화·친일화의 길을 걸으면서 식민지 체제에 순응해 갔다. 그 결과 형평사는 더 이상 백정계급의 이익을 대변하는 조직이 될 수 없었다. 그리하여 형평사는 1935년 4월 13차 연차대회에서 명칭을 대동사(大同社)로 개칭하고 친일적 성향의 단체로 변질되어 갔다.

형평사 제6회 전선정기대회
(1928년 4월 24일~25일)
포스터

*** 자세히 들여다보기
　고숙화, 〈형평운동〉《한민족독립운동사》9, 국사편찬위원회, 1991
　김중섭, 《형평운동연구》, 민영사, 1994
　고숙화, 《일제하 형평사 연구》, 이화여대 박사논문, 1995

지리산문화권 답사와 노정

지리산은 전라남·북도와 경상남도에 걸쳐 있는 웅장한 민족의 명산이다. 서쪽으로는 섬진강과 보성강이, 동쪽으로는 남강과 경호강이 마치 연꽃 봉우리를 받치고 있는 꽃잎처럼 지리산을 감싸안으며 남해와 낙동강으로 흘러 나간다.

한국사의 전개 과정에서 영·호남을 아우르며 역사의 큰 자취를 남기고 있는 지리산문화권에는 고대 이래 수많은 역사 유물과 유적이 남겨져 있다.

지리산문화권 답사는 지리산을 에워싼 섬진강과 보성강, 남강과 경호강의 물줄기를 따라 다니는 것도 편리한 방법이다. 지리산문화권을 둘러보는 몇 가지의 답사 노정을 정리하면 다음과 같다.

지리산 주변 일주 코스(3박 4일)

첫째날 : (대전·통영고속도로)단성I.C — 산청 단속사지 — 산청 덕천서원·산천재·남명묘소 — 진주성·의암·국립진주박물관 — 진주시

둘째날 : 진주시 — 하동 화개장터 — 하동 쌍계사 — 구례 연곡사 — 구례 화엄사 — 곡성 압록역 — 곡성 태안사 — 순천시

셋째날 : 순천시 — 순천 송광사 — 순천 낙안읍성 — 순천 선암사 — 남원 광한루 — 남원 만복사지 — 남원 만인의총 — 남원시

넷째날 : 남원시 — 운봉 황산대첩비 — 노고단 — 남원 실상사 — 함양 학사루·남계서원 — 함양I.C(88고속도로)

섬진강·남원문화권 코스(2박 3일)

첫째날 : (88고속도로)지리산I.C — 남원 인월장 — 남원 실상사·백장암 — 성삼재·노고단 — 구례 화엄사

둘째날 : 화엄사 — 구례 피아골·연곡사 — 하동 쌍계사 — 하동 화개장터 — 광양 섬진나루·매화마을 — 광양 망덕포구 — 순천시

셋째날 : 순천시 — 순천 낙안읍성 — 순천 선암사 — 순천 송광사 — 남원 광한루 — 남원 만인의총 — 운봉 황산대첩비 — 지리산I.C(88고속도로)

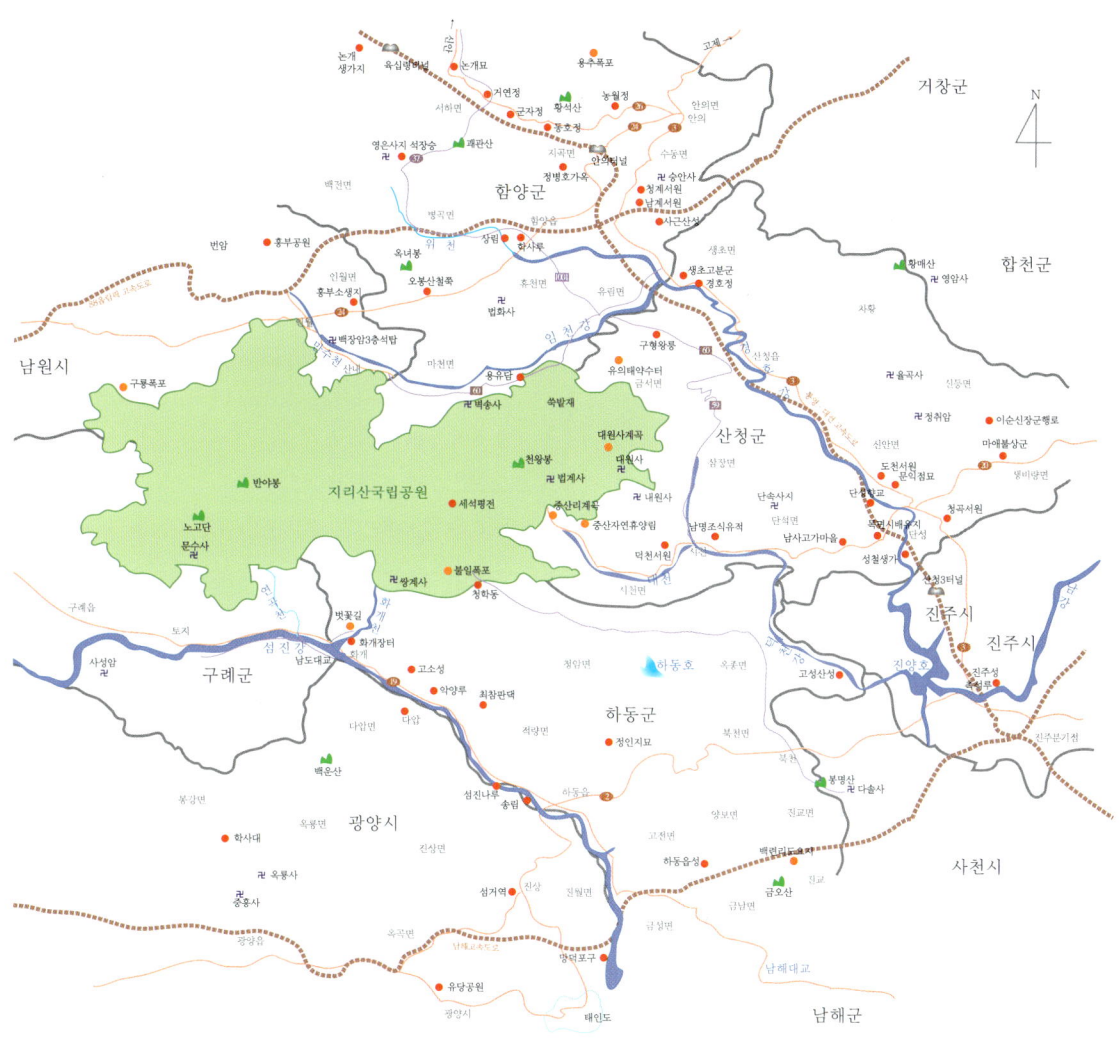

남강·진주문화권 코스(2박 3일)

첫째날 : (대전·통영고속도로)진주I.C — 진주성·의암 — 남해 관음포 — 노량 — 광양 섬진나루·하동포구 — 하동읍
둘째날 : 하동읍 — 하동 쌍계사 — 하동 화개장터 — 하동 청학동(비포장) — 산청 산천재·남명묘소·덕천서원
— 산청 중산리 빨치산 전시관 — 산청 덕산
셋째날 : 산청 덕산 — 산청 단속사지 — 산청 남사고가마을 — 산청 가야 구형왕릉 — 함양 학사루·상림 — 함양
남계서원·정여창 고택 — 지곡I.C(대전·통영고속도로)

지리산문화권 답사와 노정

찾아보기

가지산문 86, 87
각황전 50, 53
간화선 85, 88
갑오경장 260
갑자사화 196
강상호 269, 279
강익(姜翼) 197, 198
강재천 139, 141
거타주 182
경덕국사 81
경보(慶甫) 68
경호강 20, 28, 155, 182, 207
고광수 134, 136
고광순(高光洵) 41, 59, 130, 133, 139
고려대장경 37, 187, 189
곽재우 38, 214, 224, 227
곽종석 39, 219, 272, 274, 278
관음포 92, 233, 234
관혜 51
광양농민항쟁 119, 247
광한루 103, 105
교룡산성 27, 121, 122
구만 111, 112
군담(軍談)소설 105
군주옹위론 275
굴산문 82, 83, 87

권세연(權世淵) 275
권율 95, 102, 231
금강 23, 42
기묘사화 199
기삼연 135
기우만 130, 133, 263
기정진(奇正鎭) 39, 219, 261, 273
기축옥사 212, 216, 217
김개남 40, 120, 123
김경로 96, 98
김굉필 194, 211
김도화(金道和) 275
김동신 41, 130, 132, 135, 139
김면(金沔) 38, 214
김복한(金福漢) 273, 277, 278
김시민 224, 225
김우옹 197, 202, 215, 216
김인배 40, 124, 126, 128, 252, 255, 258, 259
김인섭(金麟燮) 236
김일손 163, 165, 211
김종직 158, 159, 178, 179, 194, 195, 211
김지회 147, 149
김창숙 39, 219, 276, 277
김천일 38, 215, 227
김학원 116, 118
김홍(金弘) 205, 206

김황(金榥) 39, 219, 274, 276

나옹 87, 88
낙동강 20, 27, 35, 155, 177, 183
낙안읍성 127, 128
남계서원 194, 197, 198
남명학파 22, 37, 93, 155, 194, 211, 215, 220
남악사 156, 160
남원경 31
남천 94
남해분사대장도감 37, 188
남해작변 248, 249
노량해전 102, 230, 231
노응규 41, 260, 262, 264
논개 227, 228

다전경의문답 274
단성호적장적 238
단속사 32, 37, 62, 161, 167, 189
대성골 25
대원사 60, 145
대장경판 186, 188
대한독립선언서 271
대한창의대장 130
덕산농민항쟁 247
덕산장 248
덕천강 28, 244, 247
덕천서원 212, 213, 218
도선(道詵) 34, 51, 68, 71, 80, 142
도소(都所) 124, 252
도신(道信) 161, 162
도의(道義) 63, 68, 168, 170

동리산문(桐裏山門) 21, 33, 34, 51, 67
동편제 107, 110
동학농민군 120, 121, 122, 124, 127, 128
두류산(頭流山) 20, 210

만복사 61
만인의총 96, 97
만종(萬宗) 37, 86, 189
만화집(晩華集) 107
망덕포구 118, 126, 129
명량해전 230, 232
묘련사(妙蓮社) 87
무신란 38, 218, 222, 223
무오사화 178, 179, 196
문익점 190, 191, 193
민보군 122, 123, 140, 141
민암부(民巖賦) 201
민준호(閔俊鎬) 126, 258, 259
민포군 125, 126
민회행 116, 119

박경신(朴慶新) 38, 97, 214
박봉양 122, 123, 139, 140
박성무(朴成茂) 38, 215
박영규(朴英規) 34, 35, 75, 182, 185
박혁거세 21, 31, 156
반역향(反逆鄕) 39, 218
방장산(方丈山) 20, 205
백낙구 133, 139
백련사(白蓮社) 37, 86, 87, 189
백무동계곡 25, 267
백산봉기 124

백정해방운동 41, 279
뱀사골 25, 267
범패 171, 173
법랑(法朗) 161, 162
법우(法雨) 32, 157, 158
벽소령 27, 30
벽암(碧岩) 51, 64, 172, 173
벽파진 232
보성강 20, 28, 47, 77
본산승격운동 143, 145
부석사 32, 49
불유동일설(佛儒同一說) 86, 88, 180
불일암 207, 208
빨치산 41, 147

사굴산문 163
사벌주 184
사찰령 142, 145
산악숭배신앙 157, 159
산신신앙 21, 32
산천재 200, 211, 212
삼국도(三國圖) 73
삼남창의소 130
삼법(三法) 168, 170
상림 177, 179
서재기 260, 263
서편제 108, 109
석상룡(石祥龍) 41, 265, 268
석주관 27
선도성모(仙桃聖母) 156
선암사 36, 80, 127, 128, 142, 145,
선원사(禪源社) 86, 186

섬거역 128, 129, 255, 256
섬진나루 195, 206, 208, 253, 254, 257
성능(性能) 51, 54
성모신앙(聖母信仰) 21, 32, 156, 157, 160
성모천왕(聖母天王) 158
세심정 212, 249
소도신앙 160
송광사 36, 37, 70, 83, 125, 142, 180, 189
송만갑 110
송흥록 109, 110
수기(守其) 187, 189
수목신앙 159, 160
수선사(修禪社) 36, 70, 84, 86, 87
순천 왜교성 99, 101, 102, 233, 234
신숭겸(申崇謙) 76, 185
신응사 207, 208
신재효 107
신충 161
신행 32, 62, 161, 163
실상사 33, 62, 267
실상산문 21, 33
심합이기설(心合理氣說) 274
쌍계사 33, 136, 145, 168, 170, 179, 206
쑥밭재 27, 267, 268

안동의병 260
안홍(安弘) 161, 162
양한규 133, 139, 140
여순사건 60, 147, 149
연곡사 59, 131, 133, 135, 137
연기(緣起)조사 48
영·호대도호소 40, 120, 124, 129, 252

영남포정사 260, 261
영산강 23, 47, 184
영호대접주 124
오건(吳健) 215, 216
오미동여사(五美洞閭史) 112
오작교 103, 104
옥룡사 33, 34, 68
왕봉규(王逢規) 34, 182, 184
요천 28, 47
운봉전투 120, 122
운조루 111, 113, 114
위숙왕후 31, 156, 159
위천(渭川) 177
유계춘 244, 246
유당공원 117
유두류록(遊頭流錄) 205, 207, 210
유이주(柳爾胄) 113, 115
유하덕 124, 253
윤다(允多) 69, 70
윤웅(閏雄) 35, 184, 185
을미의병 275
을사의병 273
의상 33, 48, 53, 81, 85, 168
의암 227, 228
의천 35, 51, 80, 87, 142, 187
이공량(李公亮) 205, 208
이동서당(尼東書堂) 276
이복남 96, 98
이성계 23, 27, 91, 94, 191
이순신 101, 102, 229, 234
이언적 38, 200, 213
이인좌 222, 223

이자현(李資玄) 82
이정(李楨) 205, 206, 208
이중환 30, 111
이진상 39, 219, 272, 274
이필제 39, 116, 119, 247, 250
이현상 149, 151
이황 38, 194, 201, 203, 213, 274
인물성동이론(人物性同異論) 273
인월장 29, 30
임병찬 133, 139
임원경제지 29
임제종 운동 142, 146
임진정왜도 100, 102
임천강 28, 155

장석영(張錫英) 275
장지필(張志弼) 279, 282
전봉준 121, 252, 258
전우(田愚) 219, 273, 275
정구(鄭逑) 215, 217
정당매(政堂梅) 164, 166
정안 188, 189
정여립 216, 223
정여창 37, 194, 197, 206, 208, 211
정온(鄭蘊) 39, 198, 218, 220, 222
정인홍 38, 202, 213, 214, 216, 218, 220
정재규 219, 261
정한용 260, 262
정희량 38, 218, 222, 223
조계종 21, 36, 87, 189
조광조 197, 199
조긍섭 39, 219

조성좌(曺聖佐) 38, 218
조식 22, 163, 194, 200, 205, 220, 248, 272
조지서 208, 209
중고제 108, 109
지눌 36, 83, 86, 87
지모신(地母神)신앙 31, 157
지석영 127, 255, 256
지장(地藏) 63, 67, 72
진주농민항쟁 39, 116, 119, 239, 243, 246
진주목 185, 189, 240, 242, 244
진주성 전투 224, 225
진주의병 260, 262

창의교혁기(倡義矯革旗) 251
채제공 218
천은사 58, 145
천태종 21, 35, 36, 80
청량사 179, 180
초조대장경 187, 188
촉석루 225, 228, 241, 249
최영경 38, 216, 217
최우(崔瑀) 37, 85, 86, 187, 189
최익현 130, 133, 139, 260, 264, 275
최치원 33, 169, 174, 179, 181
춘향가 107, 108
칠서지옥(七庶之獄) 220
칠선계곡 25, 266, 267

탄연(坦然) 82, 166
태안사 33, 34, 67
택리지 30, 31, 111
토별가 108

퇴계학맥 211, 215, 218

파리장서 39, 273, 277
판소리 105, 107, 108
팔량치 27, 30
풍수지리사상 34
피아골 25, 135

하동장 30
한산도해전 224, 230
한유한(韓維漢) 206, 208
해인사 32, 145, 176, 180, 186, 188
허전(許傳) 39, 218, 260
형평운동 41, 43, 269, 279, 282
혜능 168, 170, 172
혜소(慧炤) 33, 34, 82, 168, 170, 173, 180
혜심(慧諶) 85, 86, 180
혜철(惠哲) 33, 67
홍순석 147, 149
홍척 33, 62, 68
화개동 125, 131, 172, 181, 205
화개장 29, 30, 135
화엄사 21, 32, 142, 146
황강 35, 182
황석산성 27, 97
황원(黃瑗) 273
황현 137
회퇴변척소(晦退辨斥疏) 38, 213, 216
회화대장군 184
희랑(希朗) 51
희양산문 163